Auf dem Weg mit Sterbenden

Monika Schaetz

Elftraud von Kalckreuth

Auf dem Weg
mit Sterbenden

Alles hat seine Zeit

Matthias-Grünewald-Verlag · Mainz

Der Matthias-Grünewald-Verlag ist Mitglied
der Verlagsgruppe engagement.

Die Deutsche Bibliothek – CIP-Einheitsaufnahme

Ein Titeldatensatz für diese Publikation ist bei
Der Deutschen Bibliothek erhältlich.

© 2001 Matthias-Grünewald-Verlag, Mainz
Umschlag: Matlik & Schelenz, Selzen
Druck und Bindung: Himmer, Augsburg

ISBN 3-7867-2298-6

Alles hat seine Stunde.
Für jedes Geschehen unter dem Himmel gibt es eine bestimmte Zeit:

Eine Zeit zum Gebären und eine Zeit zum Sterben,
eine Zeit zum Pflanzen und eine Zeit zum Abernten der Pflanzen,

eine Zeit zum Töten und eine Zeit zum Heilen,
eine Zeit zum Niederreißen und eine Zeit zum Bauen,

eine Zeit zum Weinen und eine Zeit zum Lachen,
eine Zeit für die Klage und eine Zeit für den Tanz,

eine Zeit zum Steinewerfen und eine Zeit zum Steinesammeln,
eine Zeit zum Umarmen und eine Zeit, die Umarmung zu lösen,

eine Zeit zum Suchen und eine Zeit zum Verlieren,
eine Zeit zum Behalten und eine Zeit zum Wegwerfen,

eine Zeit zum Zerreißen und eine Zeit zum Zusammennähen,
eine Zeit zum Schweigen und eine Zeit zum Reden,

eine Zeit zum Lieben und eine Zeit zum Hassen,
eine Zeit für den Krieg und eine Zeit für den Frieden.

(Kohelet 3)

Inhalt

Alles hat seine Stunde

Vorwort

Als ich begann, Sterbende zu begleiten, gab es wenig Literatur zu diesem Themenbereich. In den letzten Jahren dann ist – auch durch die Hospizbewegung – das Thema Sterben und Tod mehr und mehr aus der Tabu-Zone gerückt, in den Medien wurde es Stoff für Dokumentationen, Reportagen, Berichte, Erzählungen und Spielfilme. Gleichzeitig begann die Reihe der Bücher zu diesem Thema zu wachsen.

Warum nun also noch ein Buch über Sterbebegleitung?

Die jeweilige Art der Hinwendung ist in den Büchern so verschiedenartig und einmalig wie die Autoren. Von jedem können wir lernen, jeder kann uns Begleiter werden auf seine ganz eigene Weise. Allerdings wird uns sicher nicht ein jeder mit dem, was er schreibt, so entsprechen, wie wir es uns wünschen oder wie wir es in der Situation brauchen, in der wir Unterstützung suchen.

Wenn wir uns auf eine solch schwierige Wegstrecke begeben wie die Begleitung eines Sterbenden – ob es nun das erste Mal ist, dass wir sie beschreiten, oder ob wir in unserem Leben oder unserer Arbeit immer wieder damit konfrontiert sind –, ist es sinnvoll, als Hilfe und zum Gedankenaustausch einen guten Freund zu finden, der uns in seinem Empfinden und seinem geistigen Hintergrund vertraut ist, der unsere Sprache spricht. In diesem Gedanken können wir auch unter den Büchern auswählen, wenn wir Unterstützung in der schwierigen und kostbaren Zeit einer Sterbebegleitung suchen, und es ist ratsam, aus der Vielfalt der Bücher genau die Gesprächspartnerin oder den Gesprächspartner zu wählen, dem wir uns für eine Zeit anvertrauen möchten.

Deshalb nun also auch dieses Buch über Sterbebegleitung. Es hat seine – meine ganz eigenen Hinsichten, meinen Hintergrund an Erfahrungen und Einsichten, meine Stimme.

Spüren Sie beim Durchblättern einfach nach, ob Sie sich vorstellen können, mit mir ein Stück Weg gemeinsam zu gehen und sich unterwegs immer wieder an mich zu wenden. Dann ist dieses Buch Ihr Buch. Es kann sein, dass Ihnen zum einen oder anderen Thema im Augenblick besonders viele Gedanken durch den Kopf gehen, auf die Sie eine Antwort suchen. Und dass danach wieder etwas anderes für Sie im Vordergrund steht. Gerade wenn Sie zur Zeit einen Menschen auf der letzten Wegstrecke seines Lebens begleiten, wird das wohl so sein. Die Kapitel-Überschriften zu Beginn sollen Ihnen das Auswählen leichter machen.

Dieses Buch kann kein Ratgeber zur richtigen Kommunikation mit Schwerkranken und Sterbenden sein. Ein Ratgeber würde voraussetzen, dass es feststehende, gültige Regeln gäbe, nach denen wir auf dem Weg mit Menschen in der letzten Lebensphase umgehen sollten. Und gerade die gibt es nicht.

Die sinnvolle Weise, einen sterbenden Menschen zu begleiten, ergibt sich aus der je ganz eigenen Lebensgeschichte. Sie ergibt sich aus der besonderen Konstellation, in der wir zu ihm stehen, der Beziehung, die wir zu ihm haben – oder die wir zu ihm aufbauen. Sie ergibt sich aus der jeweiligen Phase des Lebens- oder Sterbe-Prozesses, in der sich der Patient befindet. Sie ergibt sich aus seiner momentanen physischen Verfassung. Und aus dem, was sein Umfeld, seine Familie, seine Freunde, die Pflegenden und Helfenden um ihn, gerade jetzt für ihn bedeuten. Aus den Erwartungen, die er an den heutigen Tag hat, an die nächste Zeit, an die ihm verbleibende Lebensspanne. Und aus Tausenden von Einzelheiten dazu noch, die wir manchmal erspüren können, manchmal ahnen, die zuweilen offensichtlich sind – und die sich uns auch sehr oft verschließen.

Jeder Patient ist einzigartig. Jede Begleitung ist ein Unikat. Jeder Moment ist einmalig und eigentlich auch unvergleichlich.

Die einzige Möglichkeit, hier trotzdem Hilfestellung geben zu können, kommt aus der Erfahrung, die sich auf viele Begleitungen stützt. Für mich sind das solche, in denen ich selbst diejenige war, die die letzte Lebensspanne mit einem Schwerkranken teilte, und solche, von denen mir die Hospiz-Helfer und -Helferinnen in der

Supervisionsgruppe erzählt haben, oder die Teilnehmer in den zahlreichen Seminaren und Fortbildungen, die ich für Krankenschwestern, Altenpfleger, Seelsorger und Menschen aus anderen helfenden Berufen halte. Nicht eine einzige dieser vielen Erfahrungen, die wir miteinander geteilt haben, kann direkt als Maxime für eine Regel oder ein Gesetz in der Sterbebegleitung dienen. Das nicht. Aber aus der Summe und den Parallelen und Ähnlichkeiten ergeben sich eben doch Hinsichten, die außerordentlich hilfreich sein können, um ohne Angst in das hineinzugehen, was eben in keiner Weise vorhersehbar oder berechenbar ist auf dem Weg mit Sterbenden.

Der Ehemann einer schwer krebskranken Frau sagte, als ich mich ihm als Hospizhelferin am Beginn meiner Begleitung vorstellte: „Ich weiß doch nicht, wie man so was macht, ich mach' das doch zum ersten Mal!" Dieser Satz klingt hilflos-naiv, aber er hat viel tiefen Hintergrund. Ich habe ihn auch damals nicht zum ersten oder letzten Mal gehört. Es ist eben wirklich so, dass wir irgendwann dieses Erste Mal erleben, das uns zu überfordern droht. Und selbst wenn wir uns schon lange als Pfleger, Ärzte, Helferinnen oder Angehörige mit dem Thema auseinandersetzen müssen und uns doch immer wieder der Einmaligkeit eines Geschehens nicht gewachsen fühlen, das uns emotional so viel abfordert, ist es ungemein hilfreich, wenn jemand bei uns ist, der seine Erfahrungen mit uns teilt.

Wenn Sie mir, solange Sie dieses Buch lesen, erlauben, solch eine Gefährtin für Sie zu sein, die Ihnen Mut macht für eine Zeit, die, wenn wir uns hineintrauen, von besonderer Kostbarkeit sein kann – trotz aller Traurigkeiten, aller Anstrengung –, dann wäre mir dies ein wirkliches Geschenk. So wie es immer ein Geschenk ist, von dem abgeben zu dürfen, was uns ein innerer Reichtum ist.

Dabei möchte ich Ihnen ein wenig von der Angst nehmen, Sie könnten etwas falsch machen in der Begleitung, auf dem Weg mit Schwerkranken und Sterbenden. Ich möchte in Ihnen das Gefühl wach rufen, dass Sie mehr Kraft haben, mehr Weisheit und mehr Fähigkeiten als Sie es sich sonst zugestehen, und dass Sie mehr Schwäche, mehr Verzagtheit, mehr Unsicherheit leben und teilen dürfen, als Sie das vielleicht sonst gewagt hätten.

Für jedes Geschehen unter dem Himmel
gibt es eine bestimmte Zeit

Zeitnot

In einer meiner frühesten Erinnerungen bin ich ungefähr vier Jahre alt. Ich stehe vor einer hohen Standuhr, die damals viel größer war als ich selbst, ich höre das gemächliche Ticken, und verfolge fasziniert das allmähliche Vorrücken des großen Zeigers: jetzt, jetzt, jetzt, jetzt. Und das ist es auch, was ich denke und vor mich hinsage: „Jetzt ... jetzt ... jetzt ..." Sekunde für Sekunde. Und dabei habe ich das Bild von diesen vielen „Jetzts" noch heute vor Augen wie damals: Jedes Jetzt ist eine Nuss-Schale, wie die einer kleinen Haselnuss, und in jeder ist etwas Besonderes, ein Geheimnis, eine Kostbarkeit, ein Geschenk, etwas Buntes, immer etwas anderes, Unvergleichliches, bei vielen unsichtbar, bei manchen erahnbar, manchmal fast dem inneren Auge sichtbar. Und jede gehört mir.

Wie ich damals zu diesem Bild kam, weiß ich nicht. Ich habe lange nicht mehr daran gedacht. Erst als ich mich immer wieder im Angesicht des Sterbens derer, die ich begleitete, mit den so unterschiedlichen Zeit-Dimensionen und -Hinsichten konfrontiert sah, war es wieder vor meinen Augen, als ich versuchte, besser mit dem umzugehen, was uns das Herz in der Sterbebegleitung oft so schwer macht: dem Wissen, dass da nicht mehr viel Zeit bleibt, und der unausgesprochenen Frage nach der Länge dieser Zeitspanne – einer Frage, die niemand uns beantworten kann, zu keinem Zeitpunkt. Dazu kommt oft noch das Gefühl, das wir alle, die Altenpflegerinnen, Krankenschwestern, Pfleger, aber auch Ärzte und Seelsorger, ja auch die Angehörigen so gut kennen: das Gefühl, nicht genug Zeit zu haben, um für die Sterbenden in Ruhe da zu sein. Wir hetzen uns ab, kommen, um zu sagen, dass wir gleich wieder gehen müssen, oder sitzen am Krankenbett in dem deutlich spürbaren Bewusstsein, dass so vieles unwiederbringlich vorbei ist, so vieles ungesagt, ungelebt bleiben muss, so vieles nicht mehr – nie mehr sein wird.

Das heißt: Wir sind in schmerzlichen Gedanken in der Vergangenheit, oder voll Verzweiflung in der Zukunft, die wir mit dem Sterbenden nicht mehr erleben werden. Und dazwischen ist kein Raum für das „Jetzt ... jetzt ... jetzt ..." und für den kostbaren Inhalt einer jeden der kleinen Nuss-Schalen.

Der Gedanke „Das ist nur noch ein geringer Ausschnitt all dessen, was wir miteinander sprechen oder erleben wollten" verstellt uns aber den Blick auf die Tatsache, dass die Gesamtheit eines Lebens in jedem Moment enthalten ist, so wie in der kleinsten Zelle noch der gesamte Bauplan des ganzen Menschen.

Wenn wir unsere Gefühle, unsere Aufmerksamkeit nur dem Verrinnen der Zeit widmen, der Unaufhaltsamkeit und Vergänglichkeit, der versäumten, vergeudeten Zeit, dem, was vorüber ist, unwiederbringlich, sind wir nur mit dem Aspekt der Zeit beschäftigt, der sich unserem Einfluss entzieht. Aber das ist nicht alles. Die Griechen hatten dafür schon die Unterscheidung zwischen Chronos: dem Zeitablauf, der verrinnenden Zeit einerseits – und Kairos: dem gefüllten Moment, dem rechten Augenblick, dem besonders günstigen Zeitpunkt. Dieser, also der Kairos, schloss im neutestamentlichen Sprachgebrauch zu den menschlichen Überlegungen, die ihn füllten und erfüllten, auch noch den göttlichen Ratschluss ein, der diesen oder jenen Moment, diesen oder jenen Tag zu einem Kairos machte.

Wir können diese Dimension also getrost mit einbeziehen: die Gewissheit, dass jeder Augenblick Teil einer Heilsgeschichte Gottes mit uns ist – ob wir das nun im Moment so empfinden, vielleicht sogar verstehen, oder auch nicht. Wir müssen die Verantwortung für die Bedeutsamkeit dieser kurzen Zeitspanne, in der wir mit einem Sterbenden zusammen sind, nicht allein tragen. So wird uns der Umgang mit der Zeit, der zu kurzen Zeitspanne, leichter werden.

Dann ist auch der Gedanke naheliegend, dass jeder Augenblick ein Anfang ist – der Anfang eines unsichtbaren neuen Entwicklungsschrittes, eines Schrittes weiter auf dem Weg hin zu der Erfüllung, die Gott für uns vorgesehen hat. Ihn als Schöpfer und Vollender im Zeitbegriff des Menschenlebens mitzudenken, verändert unweigerlich den Blick auf die Zeit – und auf unsere Freiheit, das jeweilige Jetzt zu gestalten. Und es kommt dazu noch eine Ahnung, dass unser begrenztes Dasein hier auf der Erde ein Teil von Gottes Ewigkeit ist, Seiner Ewigkeit, an der wir Anteil haben. Jetzt.

Wie viele Tage, wie viele Wochen bleiben uns noch bis zum endgültigen Abschied? Wenn uns diese Frage immer heftiger überfällt, je deutlicher wir uns der sichtbar begrenzten Lebensspanne des Menschen bewusst werden, den wir begleiten, können wir diesem beängstigenden Gefühl ein anderes, stärkeres zur Seite geben, das diesen Gedanken „Ich habe keine Zeit, wir haben keine Zeit mehr miteinander" mildert oder vielleicht manchmal gar in die Flucht zu schlagen vermag.

Ich nehme dafür noch einmal das Bild der Nuss-Schalen, die für die kurzen Momente des „Jetzt" stehen. Wie, wenn wir uns bewusst würden, dass jede dieser Schalen mindestens ein ganz kostbares Samenkorn enthält, meistens sogar mehrere. Dass also in diesen kurzen Augenblicken bereits Zukunft liegt, für die wir, ob wir uns dessen bewusst sind oder nicht, in gewisser Weise Mitschöpfer sind. Und dass diese Samenkörner einerseits einen Bezug haben zur Vergangenheit, dem Vertrauten, aus dem wir uns orientieren und definieren, andererseits aber bereits im Moment des Erlebens einen Faden zu spinnen beginnen in Zeiten hinein, die noch kommen werden – nicht nur für uns selbst, sondern für alle, denen wir begegnen, die wir berühren, die uns anvertraut sein werden.

Ich möchte, um das besser vorstellbar werden zu lassen, mit Ihnen eine ganz alltägliche Situation als Beispiel nehmen:

Ich betrete des Zimmer eines Schwerstkranken, und bin im selben Moment schon beherrscht von dem Gedanken: „Das ist jetzt nur für die paar Minuten, ich bliebe so gern länger, aber es geht doch nicht, ich muss weiter. Wer weiß, wie oft ich ihn überhaupt noch hier antreffen werde, bis ich das Bett leer vorfinde ...." Und genau diese Gedanken verstellen mir einen Teil der Sicht auf das Lächeln des Patienten, übertönen vielleicht seine leise Begrüßung, sind mir in ihrer Schmerzlichkeit spürbarer als das, was in diesen wenigen Minuten des Beisammenseins erlebbar sein könnte, auch, um es in meiner Erinnerung zu bergen.

Wir müssen uns nicht den schmerzlichen Gedanken an das Unwiederbringliche ausreden – das wäre auf jeden Fall kontraproduktiv, denn alles, was wir versuchen, nicht zu denken, dringt nur umso heftiger in unsere Vorstellung. Wir können ihn wahrnehmen, um ihn dann aber beiseite zu legen, damit er Raum gibt für das, was die Begegnung mit dem Patienten ausmacht, so kurz sie auch sein mag. Als Unterstützung dafür kann uns die Vorfreude dienen, die wir empfinden, wenn wir uns auch in die Erwartung einstimmen: „Was wird das sein, was diese Begegnung ausmacht, was sie auszeichnet, so dass sie weiterwirken wird in eine Zeit, die vor uns liegt, ob wir dann noch beieinander sein können oder auch nicht?"

Natürlich kann es sein, dass uns kein Lächeln erwartet, dass der Patient gerade in einer trüben Stimmung ist oder einen Menschen braucht, bei dem er auch einmal klagen darf. Aber die Erwartung, dass, was immer in diesen wenigen Momenten sein wird, in die Zukunft hineinwirkt, dass es in der Rückschau ein gemeinsames Erleben gewesen sein wird, das uns etwas gelehrt haben wird, diese Erwartung lässt uns aus dieser Fiktion, „keine Zeit zu haben" leichter aussteigen, lässt uns ganz, mit allen Sinnen und unserem ganzen Sein in diesem „Jetzt" präsent sein und verfügbar für das, was wir sein oder geben können.

Nach wie vor wird geforscht und geschrieben über die Frage, wie das menschliche Leben verlängert werden könnte. Dabei geht es allerdings um einen nur linearen Zeit-Begriff. Dem Leben Monate oder Jahre hinzu addieren, bedeutet nicht wirklich auch, länger zu leben. Den Augenblicken, den Begegnungen und dem Sein, Leben und Bedeutung hinzu addieren – das ist, nach meinem Verständnis, um vieles der Erfüllung dieser Sehnsucht nach einem langen Leben näher. Eben im Sinne des Kairos, des erfüllten, gefüllten Augenblicks.

Für jedes Geschehen unter dem Himmel
gibt es eine bestimmte Zeit

Die eigene Endlichkeit

Es ist nicht lange her, dass ich gebeten wurde, als Hospizhelferin für eine Frau da zu sein, die sich nur eines von mir wünschte: „Ich brauche jemanden, der bereit ist, mit mir über den Tod zu sprechen. Alle in meiner Umgebung tun für mich, was nur möglich ist. Aber darauf lässt sich niemand ein. Sie weichen alle aus, sobald ich die Sprache darauf bringe."

Wenn Menschen in der Betreuung und Begleitung von Sterbenden dieses Thema lieber aussparen, steht dahinter eine Angst, die sie zu lähmen scheint, sobald die Gedanken auch nur in die Nähe dieser Thematik kommen. Und Angst oder Unsicherheit wiederum hat in vielen Fällen ihren Grund darin, dass bisher der Mut gefehlt hat, dem Gedanken an die eigene Endlichkeit zu begegnen. Damit wir aber bereit sind, uns im Gespräch mit Sterbenden auf das zentrale Thema einzulassen: Sterben und Tod, können wir uns diese Hemmschwelle bewusst machen. Ich halte es in diesem Zusammenhang für unumgehbar, dass wir uns mit unserer eigenen Sterblichkeit auseinandersetzen, denn falls wir das nie getan haben, wird sich unser Zögern und Ausweichen immer wieder gerade dann zwischen uns und den Sterbenden schieben, wenn er uns am meisten braucht.

Wenn wir keinen aktuellen, keinen akuten Anlass haben – eine schwere Krankheit, einen Unfall, ein „Gerade-noch-mal-Davongekommensein" in einer gefährlichen Situation –, werden wir uns vermutlich nicht freiwillig mit unserer Sterblichkeit auseinandersetzen, werden uns kaum je die Zeit und Ruhe nehmen, um über unser Woher und Wohin nachzudenken. Eine Seminarteilnehmerin erzählte, sie sei als Kind fest davon überzeugt gewesen, dass sie unsterblich sei; sie als Einzige auf der ganzen Welt; alle anderen Menschen anscheinend ja nicht, aber sie doch auf jeden Fall. Wenn wir ehrlich sind, werden wir wohl feststellen, dass es sich für uns früher ähnlich anfühlte, vielleicht sogar heute noch, auf unbestimmte, unreflektierte Weise.

Dabei bleiben alle die nie angeschauten Fragen, die mit diesem Bereich verbunden sind, ein ständiger heimlicher Störfaktor, etwas, was uns mehr belastet und Energie nimmt, als wir vermuten. Sie sind oft auch ein Grund dafür, dass wir nie eine mehr als nur vorläufige Ordnung und Ausrichtung in unser Leben gebracht haben. Bis wir uns dann doch einmal daran begeben. Und genau dazu möchte ich Ihnen jetzt Mut machen und Ihnen auch in diesem Kapitel einige Möglichkeiten anbieten, um sich in diese Gedanken auf relativ mühelose Weise hineinzuwagen.

Sie können sich ganz getrost auf die Konfrontation mit dem Gedanken an den eigenen Tod einlassen. Sie wird, wenn wir behutsam hineingehen, nicht etwa bewirken, dass wir traurig, ängstlich, depressiv, pessimistisch werden, sondern genau das Gegenteil.

Um uns dem Gedanken an unsere Endlichkeit zu nähern, ist es zunächst hilfreich, uns in der ganzen Spanne unseres Lebens zu sehen, uns bildhaft vor Augen zu haben, wie wir in unserem Jetzt eingespannt stehen zwischen den zwei Zeiteinheiten, an denen wir uns orientieren können: einerseits am Zurückliegenden, das uns mehr oder weniger erreichbar ist in unserer Erinnerung, und auf der anderen Seite in der Zukunftsschau, der Ahnung vom Kommenden, dem, was wir hoffen oder erwarten oder vielleicht auch befürchten. Zwischen diesen beiden Polen stehen wir in unserem Jetzt.

Vergewissern wir uns also am besten zunächst des Bekannten, Vertrauten, das uns Orientierung in unserer Biographie gibt, bevor wir uns dem unvertrauten Bereich zuwenden. Nehmen Sie sich ruhig Zeit für solch eine Rückschau, sie gehört unbedingt dazu, um uns sicheren Boden unter die Füße zu geben.

Beschränken Sie sich dabei nicht nur darauf, Ihre eigene Lebensgeschichte zu überdenken, sondern zeichnen Sie dazu auch einmal Ihren Stammbaum – natürlich nicht mit der Absicht, sich in die Ahnenforschung zu begeben, sondern um ihn gerade so weit zu verfolgen, wie er Sie gefühlsmäßig betrifft. Da sollten die Menschen einen Platz und auch ihre eigene Farbe haben, die Ihnen in Ihrer

Familie wichtig waren oder sind als positive Vorbilder. Möglicherweise befindet sich darunter auch das eine oder andere eher abschreckende Beispiel, das Ihnen aber auf seine Weise auch dienen kann, um Ihnen zeitlebens zu signalisieren: „So nicht!" Und außerdem sind noch die Menschen wichtig, die Ihnen nah waren oder sind: Welchen Platz haben die Weggefährtinnen und Wegbegleiter, Freundinnen und Vertraute in Ihrer Lebenslandschaft?

Danach dann ist es an der Zeit, wie aus der Vogelperspektive die ganze Strecke Ihres bisher gelebten Lebens anzuschauen, die eine Linie zieht mit all den Höhen und Tiefen von Ihrer Geburt bis zum heutigen Tag. Ich selbst habe solche Betrachtungen immer lieber vor Augen als nur in der Vorstellung, würde also diese Lebenslinie zeichnen, ohne viel „Talent", nur, um sie deutlicher, plastischer werden zu lassen und sie leichter zu verstehen, mir vieles besser veranschaulichen zu können.

Wenn Sie dann dieses Auf und Ab Ihrer Lebenslinie vor sich haben, lohnt es sich, gerade den Zeiten besondere Aufmerksamkeit zu schenken, die anbrachen, als Sie einen Tiefpunkt bewältigt hatten. Denn gerade dort liegen fast immer die wichtigsten Entwicklungsschritte auf unserem Weg. Wenn wir das vor Augen haben, gewinnen Schwierigkeiten und Krisen eine ganz andere Qualität, sind das, was das chinesische Zeichen für „Krise" zeigt: Es setzt sich aus dem Zeichen für „Gefahr" und dem für „Chance" zusammen.

Nehmen Sie sich auf jeden Fall genügend Zeit für diese Erkundungen im Bereich der Vergangenheit.

Und dann - wenn wir uns schon in diese Moment-Aufnahme hineinbegeben, die uns im Jetzt zeigt zwischen dem bisher gelebten Leben und dem, was noch kommt -, wird es auch wichtig, einen etwas genaueren Blick auf das zu werfen, was unser Leben zur Zeit ausmacht.

Um ein Bild dafür zu bekommen, gebe ich meinen Seminar-Teilnehmern manchmal eine Grafik, die nichts als einen leeren Kreis zeigt, mit der Bitte, da hinein, wie Tortenstücke, die Anteile zu zeichnen, die ihre Beziehungen ausmachen: Die Beziehung zu sich selbst, die zu anderen, die zur Natur, zur Kultur, zur Realität, zum Praktischen, die zur geistigen und zur geistlichen Welt. Wie viel Anteil hat die jeweilige Beziehung für Sie? Wie viel oder wie wenig Platz räumen Sie der Beziehung zu sich selbst ein? Wie groß ist der Bereich, den Sie der geistigen Welt widmen? Gönnen Sie sich die Zeit für dieses Experiment. Sie werden mit Sicherheit das eine oder andere über sich selbst erfahren, was Sie verblüfft und was Sie wahrscheinlich anregt zu einigen Korrekturen.

Und noch etwas gehört dazu, wenn wir uns in diese Moment-Aufnahme hineinbegeben, und uns in Ruhe einmal umschauen in den Bereichen, die für uns bedeutungsvoll sind – an eben der Stelle in unserem Leben, an der wir gerade angelangt sind: die einfache Frage, was für uns wirklich wichtig ist im Leben.

Ich habe dazu eine Karikatur von Chaval vor Augen: Da steht ein Haus in Flammen, sechs Feuerwehrleute haben das Sprungtuch aufgespannt und schauen erwartungsvoll nach oben, und aus dem Fenster einer brennenden Wohnung im dritten Stock wird ... ein Fernsehapparat hinuntergeworfen!

Was also ist Ihnen so wichtig – nicht an materiellen Werten, das vielleicht auch –, dass Sie es auf jeden Fall retten möchten, wenn es darauf ankommt? Ihre Integrität? Ihre Fähigkeit, rasch guten Kontakt zu Ihren Mitmenschen zu finden? Ihre Bereitschaft, sich einzusetzen für andere? Ihre Erfolge? Ihre Erfahrung, dass Gott selbst in den dunkelsten Zeiten für Sie da ist? Ihre innere Freiheit? Oder ganz andere Dinge?

Vielleicht hilft es Ihnen beim Nachdenken, wenn Sie Rückschau halten auf all das, was Ihr Leben bereichert hat und auf das, was Sie geliebt haben. Spazieren Sie in Ihren Erinnerungen ruhig mit allen Sinnen umher, welche Düfte waren da, die sich mit wichtigen Erfahrungen verbanden, welche Farben, welche Klänge, welches Gefühl? Welche Einsichten über Gott und die Welt, über die Menschen und die Liebe haben Sie gewonnen und gelebt? Nach welchen Überzeugungen haben Sie gelebt? Und wie sind die entstanden? Durch schmerzhafte Erfahrungen? Durch den Einfluss von anderen Menschen, durch Bücher, die Ihnen wertvoll geworden sind, durch Worte aus der Schrift? Oder durch die Lehren, die das Leben Ihnen erteilt hat? Gibt es etwas, was Sie bereuen in Ihrem Leben? Etwas, worauf Sie stolz sind? Fällt Ihnen vielleicht ein Leitsatz, einen Wappenspruch ein, nach dem Sie sich ausrichten? Welche Menschen sind Ihnen die Nächsten? Welche Landschaft ist Ihnen Heimat? Welche Träume und Wünsche haben Sie, die noch unerfüllt sind?

Es ist gewinnreich, wenn wir uns die Muße für eine solche Rückschau nicht erst am Ende unseres Lebens nehmen. Und wiederum: Gönnen Sie sich diese Zeit jetzt. Ganz in Ruhe.

Danach erst ist ein guter Zeitpunkt, um unsere ganz eigenen Visionen von Sterben und Tod zu erkunden.

Es kann sein, dass Ihnen dazu nicht viel mehr in den Sinn zu kommen scheint als Vorstellungen von Krankheit oder Hilflosigkeit und Schmerzen, all das, dem Sie sich – verständlicherweise – nicht gerade gern stellen. Ich denke dabei aber viel mehr an Bilder, die über den Moment des Übergangs hinweg weisen, Assoziationen, die sich mit dem Jenseits verbinden, Ahnungen von etwas, das in ein Größeres, Weiteres, Unbegreifliches reicht. Auch dahin führt nicht unbedingt nur der Gedanke an Glaubensinhalte oder religiöse Vorstellungen, sondern vielmehr die Hinwendung zu einer Ebene, die weniger vom Verstand als eher vom Herzen und von den Sinnen regiert ist.

Als reiches Angebot von Bildern und Symbolen dafür dient uns Menschen sicher schon seit Anbeginn der Schöpfung die Natur, die einen solch unbegrenzten Reichtum an Inspiration birgt, dass wir wohl den größten Teil unseres Weltverständnisses in dieser Fülle verankert haben.

Um die Seelenlandschaft zu entdecken, die in heilsamer Weise in Ihrem Inneren darauf wartet, angeschaut zu werden, um den Ausblick in Ihre ganz eigene Vision von Sterben und Tod zu öffnen, kann eine kleine Meditation hilfreich sein:

Setzen Sie sich ganz entspannt hin, die Füße gut auf dem Boden aufgestellt, die Wirbelsäule gerade. Gehen Sie in Gedanken eine Weile Ihrem Atem nach, dem Rhythmus, der Sie nun schon seit so vielen Jahren begleitet. Lassen Sie sich Zeit, diese Ruhe zu genießen, und schließen Sie dann die Augen in der Erwartung, dass da eine Szene aus der Natur auftauchen wird, die Ihnen ein Wegweiser in Ihr Bild vom Übergang oder von der Landschaft jenseits des Todes sein kann.

Vielleicht ist es gut, erst nur ungenau, unscharf hinzuschauen, wie durch einen Nebel, der noch das verhüllt, was sich auftun wird.

Und was immer sich dann zeigt, nehmen Sie ohne darüber weiter nachzudenken in sich auf, ob es die Weite des Meeres ist, oder eine Waldschneise, ein Sonnenuntergang oder der aufgehende Mond, ein Flusslauf, ein Pfad im Gebirge oder eine bunte Blumenwiese, ein Weg, der sich in der Ferne verliert, ein Höhlendurchgang, an dessen Ende ein helles Licht erscheint, glitzernde Eiskristalle oder Wolken, durch die ein Sonnenstrahl bricht. Was immer es ist, es ist Ihr Bild. Nehmen Sie es dankbar in sich auf. Sie sind der einzige Mensch, der es wirklich verstehen kann in seiner Bedeutung von Freiheit, Loslassen, Durchgang, Frieden, Transformation, oder was immer Sie mit Ihrem Bild verbinden.

Mit solch einem Bild, einem Symbol, einer noch so vagen Vision des Übergangs vor Augen, haben wir eine sichere Verankerung, die uns Halt gibt, wenn wir uns auf den Gedanken an Sterben und Tod einlassen, und auf den Gedanken: Wie lebe ich, wenn ich weiß, dass ich sterbe.

Dabei taucht die Frage auf, wie hilfreich und nützlich es ist, diese Wegstrecke schon jetzt in der Vorstellung zu gehen, in einer geleiteten Visualisierung das eigene Sterben nicht nur zu durchdenken, sondern uns so weit als möglich hineinzuversetzen. In dieser Frage verlasse ich mich auf meine Erfahrungen, die sich mit dem decken, was wissenschaftlich sorgfältig überprüft und geschildert wurde. Autoren wie Reinhard Tausch mit seinen fundierten langjährigen Erfahrungen oder das Ehepaar Simonton, das durch seine Arbeit gerade auch mit Krebspatienten weltweit berühmt wurde, schildern, wie die Vorstellung des eigenen Sterbens uns Erkenntnisse bringt, die uns weiterführen und klarer, bewusster leben lehren, und die, wenn wir mit Sterbenden arbeiten, uns vor den seelischen Untiefen bewahren. Aber es ist nicht nur dies. Durch sie wird auch unsere Bereitschaft gefördert, Unerledigtes in Angriff zu nehmen, Beziehungen zu klären, die Möglichkeiten zu entdecken, von einander zu lernen. Ein intensiveres Leben und Erleben, Gelassenheit und ein besseres Einfühlungsvermögen und Verständnis für den Weg der Sterbenden, eine gute Portion Selbsterkenntnis und vieles mehr sind „Geschenke", die wir dabei gewinnen, und die wir uns heute schon gönnen sollten.

Es gibt Angebote von Gruppenleitern, die seit Jahren Menschen für die Sterbebegleitung ausbilden, und die mit solch einer Arbeit vertraut sind. Auch in manchen Klöstern steht die Kunst, sich auf heilsame Weise mit dem eigenen Tod zu beschäftigen, die „Ars moriendi", auf dem Programm. Ich meine, es ist gut, sich in der Geborgenheit einer Gruppe an dieses Thema zu begeben, mit einer sicheren, vertrauenswürdigen Leitung, und besser nicht für sich allein, es sei denn, man hat mit solcher Einzelarbeit schon Erfahrung gesammelt.

Dann allerdings sollten Sie sich ruhig auf das Folgende einlassen. Wichtig ist, dass Sie sich dafür mindestens zwei, drei Stunden Zeit nehmen, Zeit, in der Sie ungestört sind. Erst dann sollten Sie sich in aller Ruhe in dieses Experiment hineinwagen.

Wählen Sie sich wieder einen ruhigen Ort. Machen Sie es sich bequem, folgen Sie wieder eine Weile Ihrem Atem. Stellen Sie sich nun vor, Sie stehen aufbruchbereit in Ihrer Wohnung. Sie wissen, Sie haben einen wichtigen Termin bei Ihrem Hausarzt. Sie schauen sich noch einmal in Ihren vier Wänden um, ziehen den Mantel an, nehmen die Schlüssel und verlassen Ihr Haus. Sie gehen den wohlbekannten Weg zu Ihrem Arzt in einer gewissen Anspannung, und als Sie an der Praxistür läuten, werden Sie von der Sprechstundenhilfe gleich in den Behandlungsraum geführt. Der Arzt begrüßt Sie und bittet Sie, Platz zu nehmen. Er schaut Sie nachdenklich-besorgt an und nach kurzem Zögern sagt er: „Ich kenne Sie jetzt lange genug, um Sie gerade auch in Ihrer Klarheit und dem so bewussten Umgang mit Ihrem Leben besonders zu schätzen. Sie wissen ja, dass die Untersuchungen der letzten Wochen für die endgültige Diagnose wichtig waren. Ich habe jetzt alles noch einmal gründlich geprüft, und – so wie ich Sie kenne – denke ich, dass Sie sich von mir absolute Ehrlichkeit wünschen. Ich glaube auch, dass diese Ehrlichkeit wichtig ist, damit Sie Ihre Situation auf Ihre Weise bewältigen können. Die Zeit, die Ihnen bleibt, ist, wie ich inzwischen definitiv weiß, begrenzt. Genaue Prognosen kann ich nicht geben, das wäre vermessen, aber nach aller menschlichen Voraussicht wird Ihnen kaum mehr als eine Spanne von zwei Monaten bleiben. Dafür, dass Sie in dieser Zeit schmerzfrei bleiben, werde ich, so gut ich kann, sorgen, und auch sonst werde ich Sie nach allen Kräften unterstützen. Ich bin jederzeit gern für Sie erreichbar und ich möchte, dass Sie sich auf meine Hilfe in diesen letzten Wochen verlassen. Ich tue, was immer noch möglich ist." Er schaut Sie nachdenklich an und sagt dann: „Ich kann mir vorstellen, dass Sie jetzt erst einmal mit dieser Information fertig werden müssen und dafür allein sein wollen."

Sie sagen „Ja –", verabschieden sich wie betäubt, verlassen die Praxis und treten vor das Haus.

Versetzen Sie sich jetzt weiter in diese Situation. Welche Gedanken gehen Ihnen als erstes durch den Kopf, was stürmt auf Sie ein? Nehmen Sie aber nicht das, was da zunächst obenauf liegt, als endgültig, spüren Sie weiter nach, was sich durch diese Nachricht verändert hat – und was jetzt wichtig wird: für Sie selbst, für Ihre Beziehung zu anderen Menschen, für alles, was Ihnen bisher wesentlicher Bestandteil Ihres Lebens war. Wie nehmen Sie die Welt jetzt wahr, wo Sie wissen, Sie werden nicht mehr lange da sein?

Ziehen Sie sich dazu in Ihr Zimmer zurück, schreiben Sie auf, was Ihnen einfällt, malen Sie, wenn Sie wollen, oder gehen Sie hinaus in die Natur. Nehmen Sie alles so auf, als stünden Ihnen tatsächlich nur noch wenige Wochen zur Verfügung.

Alles, was sich nun gedanklich in Ihrem Lebensmaßstab verändert, ist wesentlich. Nicht nur innerhalb dieses Denk-Spiels, sondern für Ihr tatsächliches Leben, wie lang auch immer es noch sein wird. Und – wenn Sie bedenken, dass Sie sterben müssen, werden Sie klug werden, wie es im Psalm 90 heißt. Sie werden vielleicht spüren, wie Ihr Leben bedeutungsvoller, reicher und bunter wird, wenn Sie sich diesem Gedanken stellen. Wie Ihre Begegnungen und Beziehungen echt und wahr werden. Wie Sie Dinge nicht nur zu Ende denken, sondern auch Unerledigtes in Angriff nehmen. Wie eine neue Ordnung entsteht, gemäß einem Maßstab, der Wichtiges sorgfältiger von Unwichtigem scheidet.

Wenn Sie beschlossen hatten, sich besser nicht in diese Vorstellungen hineinzuwagen, aus klugem Selbstschutz vor einer Situation, die zu schwierig, zu verunsichernd für Sie wäre, schlage ich Ihnen einen anderen Weg vor, der auf seine Weise ähnlich lehrreich werden kann. Die Anregung dazu fand ich in dem Buch von Stephen Covey „The seven habits of highly effective people". Wieder ist es wichtig, dass Sie sich wirklich gut Zeit nehmen, um sich mit dem zu beschäftigen, was ich Ihnen vorschlage.

Sie stellen sich vor, Sie haben ein hohes Alter erreicht, haben vieles von dem verwirklicht, was in Ihnen angelegt war an innerem Reichtum, Sie haben viel erlebt und Ihre Erfahrungen genutzt, haben viel bewirkt, sind vielen Menschen begegnet, die Sie angeregt und bereichert haben als Freund oder Weggefährtin. Und nun sind Sie nach einem langen, erfüllten Leben – „lebenssatt" – gestorben. Sie sind Beobachter auf Ihrer eigenen Beerdigung, und Sie hören, wie vier Menschen an Ihrem Grab das schildern, wodurch Sie ihnen wichtig und wertvoll gewesen sind. Da ist ein naher Angehöriger, vielleicht die Tochter oder der Ehepartner oder ein Bruder. Danach kommt ein ehemaliger Berufskollege, dann jemand aus dem Bereich Ihres Hobbys oder Ehrenamtes, und schließlich ein naher Freund oder eine vertraute Freundin. Die vier erzählen nun, einer nach dem anderen, warum sie dankbar und froh sind, Ihnen begegnet zu sein, und wie ihr Leben durch die Weggefährtenschaft mit Ihnen reicher wurde und durch das, was Sie ihnen in Ihrer ganz eigenen Art gegeben haben.

Schreiben Sie nun diese kurzen Grabreden auf. Scheuen Sie sich nicht, all das Gute festzuhalten, was da gesagt wurde. Beerdigungen sind für Freunde die Gelegenheit, noch einmal mit Liebe und Dank auf den Menschen zu schauen, und zu würdigen, was sein Charisma, seine besondere Ausstrahlung war.

Und wenn Sie danach diese vier Reden lesen, finden Sie heraus, welche Werte diejenigen waren, die am deutlichsten wurden. Wenn zum Beispiel gesagt wurde: „Man konnte sich einfach immer auf ihn verlassen", oder „Sie hatte so viel Wärme zu geben", oder „Wenn ich mit ihr redete, fühlte ich mich immer verstanden, kam mir nie dumm vor ...", oder „Wir haben so viel mit ihr lachen können", oder „Wenn wir in der Sackgasse waren, konnten wir sicher sein, dass er irgendwelche neuen, verblüffenden Ideen hatte", oder „Wenn ich Hilfe brauchte, wusste ich, ich kann mich an sie wenden" oder was auch immer –, dann haben Sie auch die dazu passenden Begriffe. In diesen Beispielen wäre das: Zuverlässigkeit, Warmherzigkeit, Einfühlsamkeit und Vertrauenswürdigkeit, Humor, Kreativität, Hilfsbereitschaft.

Und nun gönnen Sie sich das Vergnügen, sich selbst ein Wappenschild zu malen, einmal längs und zwei mal quer geteilt, also mit sechs Feldern, und schreiben Sie sich die Haupt-Begriffe da hinein, die Sie auf diese Weise gefunden haben. Dies sind nämlich die Werte, die Ihren Reichtum ausmachen, die Ihnen innewohnenden Kräfte und Potenzen, von denen Sie sich in Ihrem Leben und in Ihrem Wachstum, Ihrem Reifen getrost leiten lassen können. Seltsamerweise sind wir ja selbst meist weniger geneigt, uns solche Fähigkeiten, solchen Reichtum einzugestehen und lassen sie uns eher von Freunden zusprechen. In unserer Kultur ist das Annehmen von Lob und Anerkennung und Wertschätzung offenbar gar nicht so selbstverständlich.

Gestalten Sie schließlich dieses Wappenschild noch mit Farben und Symbolen aus. Es ist der Mühe wert – wenn es denn überhaupt für Sie Mühe bedeuten sollte. Der phantasierte Rückblick aus den Augen anderer wird Sie vieles lehren, was „für die letzte Strecke Ihres Lebensweges", gleich, wie lang oder kurz diese sein mag, Richtschnur oder innere Quelle sein könnte.

Noch einmal also: Wenn wir uns auf den Weg mit Sterbenden begeben, sind solche Selbst-Betrachtungen im Vorfeld nicht nur eine gute Möglichkeit, um selbst nicht auf all zu unsicheren Boden zu geraten, sondern fast unabdingbar, um als Weggefährte mitzugehen und, wenn es dazu kommt, die Standhaftigkeit und Gelassenheit ausstrahlen zu können, die wir dadurch gewonnen haben, dass wir im Gedanken an die eigene Sterblichkeit klug geworden sind. Wobei wir uns allerdings bewusst bleiben sollten, dass diese Klugheit sich auf unsere eigene Lebensgeschichte bezieht und auf die Lehren, die wir für uns gezogen haben. Derjenige, für den wir da sind, wird wiederum seine ganz andere Bilder- und Symbolwelt haben, seine eigenen Fragen und Hinsichten. Wir werden daher auch sicher nicht in Versuchung geraten, ihm unsere eigenen Erfahrungen als Weg und Möglichkeit anzudienen.

Eine Zeit zum Gebären
und eine Zeit zum Sterben

Raum für Entwicklungen

„Ich weiß nicht, warum ich noch kämpfen soll, ich will nicht mehr." – Die Patientin, die das an einem hellen Sonntagmorgen unter Tränen sagte, hatte ich schon seit einigen Wochen begleitet. Ich sah, wie sehr sie litt, und ich litt mit ihr. Sie hatte das und jenes erwogen, was es ihr in ihrer Krankheit leichter machen könnte. Es ging ums Essen oder um Nachbarn, deren Besuche sie als störend empfand. Sie hatte von Kindheitserinnerungen erzählt und von Anschaffungen fürs Haus, und nun kam plötzlich dieser Satz, der so deutlich zeigte, wie leid sie es war, noch gegen ihre Krankheit anzugehen, wie wenig Sinn sie mehr in ihrem Leben zu sehen schien. Im ersten Augenblick spürte ich in mir den Gedanken aufsteigen: „Ja, es wäre sicher gut, wenn sie bald gehen könnte." Nur: Ich sah und dachte zu kurz. Ich bin froh, dass ich nur zuhörte, und dass ich nicht einmal bestätigend genickt habe, als sich in mir der „gute Wunsch für sie" bildete, sie solle nicht mehr lange kämpfen müssen.

Heute, mehr als drei Jahre nach ihrem Tod, sehe ich die Zeit, die nach diesem Sonntag noch für sie kam, als die wichtigste in all den vielen Wochen. Denn obschon sie physisch mehr und mehr verfiel, und obwohl sie trotz optimaler medikamentöser Betreuung durch die Hausärztin doch immer wieder unter Schmerzen zu leiden hatte, ist sie in dieser letzten Lebensspanne noch in einer Weise menschlich gereift, dass ich immer noch mit Staunen daran denke. Und diese Zeit der Reife hätte ich ihr, wenn es nach mir gegangen wäre, damals schon am liebsten weggewünscht. Die Beschämung bei dieser Erkenntnis hat mich viel gelehrt.

In der Beurteilung dessen, was von Wert ist auf der letzten Wegstrecke eines Menschen, bin ich sehr zurückhaltend geworden.

Das, was Menschen in ihrer letzten Lebensspanne an Zeit brauchen, ist für diejenigen, die um sie sind, oft schwer einzuschätzen. Vieles ist plötzlich noch von besonderer Wichtigkeit, was niemand als sie selbst in seinem Wert begreifen kann. Es kann sein, dass es da um sehr äußerlich erscheinende Dinge geht, Aktionen, die uns unnötig anstrengend oder auch unsinnig vorkommen, die aber möglicherweise auf einer tieferen Ebene ein Loslassen oder Loslösen symbolisieren.

Andererseits aber ist vieles, was wir für wichtig erachten, für die Sterbenden bedeutungslos geworden. Und wenn wir meinen, wir wüssten, was für sie von Belang sein müsste, täuschen wir uns oft genug.

Wir gehen vermutlich all zu oft nur von dem aus, was für uns, für unsere eigene Lebensgeschichte stimmig wäre. Denken also: Wenn jetzt doch endlich der Patient begänne, Bilanz zu ziehen. Oder Frieden zu schließen mit sich – oder mit denen, die er hasst. Oder sich dem zuzuwenden, was wir so die geistige Welt nennen. Oder Ordnung zu schaffen in dem Durcheinander, das er sonst seinen Angehörigen hinterließe.

Das wären sicher alles für uns oder für den oder jenen ganz wichtige Aspekte. Aber für andere sind sie es eben nicht.

Da war zum Beispiel eine Patientin, die ich um ihrer kultivierten Höflichkeit und Freundlichkeit willen bewundert hatte. Gerade für sie war etwas wichtig, was für mich erst einmal erschreckend und furchterregend schien, nämlich jetzt, zum ersten und einzigen Mal noch exzessiv und unbeherrscht und in aller Heftigkeit sich ins Leid zu stürzen, nachdem sie in ihrem ganzen Leben immer die Zähne zusammengebissen und preußische Haltung bewiesen und das tapfer heruntergespielt hatte, was an Schrecken und Grauen und Angst in ihr aufstieg. Nun endlich einmal sich aufzubäumen, zu schreien und zu toben. All dem Ausdruck zu geben, was schlimm und unverständlich und ungerecht und verzweiflungsvoll war, und was sie brav und klaglos in sich hineingefressen hatte, bis es sich nun, so kurz vor dem Ende, ein einziges Mal Bahn brechen konnte, durch all die Wohlerzogenheit und Selbstbeherrschung hindurch.

Das hatte auch, wie ich plötzlich in meiner erschreckten Hilflosigkeit merkte, etwas von einem Geburtsgeschehen, das kaum seines Gleichen findet. Und als ich dieses Bild vor Augen hatte, war mir auch klar, dass hier nicht unbedingt nur sanfte und beruhigende Worte am Platze waren, sondern dass die Heftigkeit dieser „Geburtswehen" noch ihr Recht, ihre Zeit und ihren Raum in diesem Leben haben mussten.

Wir haben in den Hospiz-Begleitungen immer wieder erlebt, wie der Zeitpunkt des Sterbens vom Patienten auf geheimnisvolle Weise hinausgezögert wird, bis das Wirklichkeit werden konnte, was an ungelebten Anteilen im Lebensbogen noch seinen Platz haben sollte, zum Beispiel eine lange aufgeschobene Versöhnung. Aber auch Ereignisse wie die Hochzeit der Tochter, die Konfirmation des Enkels, oder das nächste Weihnachtsfest. Oder der Moment, zu dem derjenige Mensch am Bett sitzt, der beim Übergang dabei sein soll. Und nicht selten: die Chance, allein mit sich selbst sein zu können, weil in diesen letzten Minuten jeder – selbst der liebste und vertrauteste Freund – stören würde. Für einige Menschen ist es absolut notwendig, diese allerletzte Wegstrecke allein zu gehen. Das ist wichtig zu wissen, denn oft machen sich die Angehörigen später jahrelang Vorwürfe, dass sie den Sterbenden gerade in diesem letzten Moment allein gelassen haben. Es ist aber tatsächlich erfahrungsgemäß so, dass Sterbende sich, so unglaublich das zunächst klingt, den Zeitpunkt ihres Übergangs selbst wählen, so, wie er für sie richtig ist. Und das zu respektieren ist das eine. Das andere ist: darauf auch ganz zuversichtlich zu vertrauen und nicht zu versuchen, sich in diese geheimnisvolle Zeitgestaltung einmischen zu wollen.

Sicher, die meisten von uns sind sich wahrscheinlich darüber einig, dass das Sterben weder künstlich hinausgezögert noch aktiv beschleunigt werden sollte. Trotzdem geht es uns wohl in vielen Fällen doch so, dass wir unsere eigenen Wünsche zum Ablauf des Geschehens viel deutlicher empfinden als die des Sterbenden selbst. Und dadurch geraten wir in Gefahr, mehr zu stören oder gar zu zerstören als hilfreich zu sein.

Diese Gedanken: „Jetzt doch noch nicht", und genau so das „Wenn er doch gehen könnte! Was hält ihn nur noch im Sterben? Warum kann er nicht loslassen?" zeigen deutlich, wie sehr wir in unserem eigenen System, in unseren eigenen Wünschen, Hoffnungen oder Befürchtungen gefangen sind.

Fast am schwersten ist es dabei wohl, miterleben zu müssen, wie ein Angehöriger lange Zeit im Koma liegt, obschon er weder künstlich beatmet noch künstlich ernährt wird, und wie eben auch der seine Zeit zum Sterben hat, einen Zeitablauf, der sich in seinem Sinn unserem Verstehen wahrscheinlich verschließt.

In der Literatur gibt es eine unvergleichliche Betrachtung über dieses ganz eigene Maß und die Würde des Todes, den jeder als seinen eigenen in sich trägt. Sie stammt aus den „Aufzeichnungen des Malte Laurids Brigge" von Rainer Maria Rilke (Frankfurt 1976). Da heißt es: „Früher wusste man (oder vielleicht man ahnte es), dass man den Tod in sich hatte wie eine Frucht den Kern. Die Kinder hatten einen kleinen in sich und die Erwachsenen einen großen. Die Frauen hatten ihn im Schoß und die Männer in der Brust. Den hatte man, und das gab einem eine eigentümliche Würde und einen stillen Stolz. Meinem Großvater noch, dem alten Kammerherrn Brigge, sah man es an, dass er einen Tod in sich trug. Und was war das für einer: zwei Monate lang und so laut, dass man ihn hörte bis aufs Vorwerk hinaus. Sein Tod (...) ließ sich nicht drängen. Er war für zehn Wochen gekommen, und die blieb er. (...) Das war nicht der Tod irgendeines Wassersüchtigen, das war der böse, fürstliche Tod, den der Kammerherr sein ganzes Leben lang in sich getragen und aus sich genährt hatte. Alles Übermaß an Stolz, Willen und Herrenkraft, das er selbst in seinen ruhigen Tagen nicht hatte verbrauchen können, war in seinen Tod eingegangen (...) Wie hätte der Kammerherr den angesehen, der von ihm verlangt hätte, er solle einen anderen Tod sterben als diesen. Er starb seinen schweren Tod (...). Und wenn ich an die anderen denke, die ich gesehen oder von denen ich gehört habe: es ist immer dasselbe. Sie alle haben einen eigenen Tod gehabt. Diese Männer, die ihn in der Rüstung trugen, innen, wie einen Gefangenen, diese Frauen, die sehr alt und klein wurden und dann auf einem ungeheuren Bett, wie auf einer Schaubühne, vor der ganzen Familie, dem Gesinde und den Hunden diskret und herrschaftlich hinübergingen. Ja die Kinder, sogar die ganz kleinen, hatten nicht irgendeinen Kindertod, sie nahmen sich zusammen und starben das, was sie schon waren, und das, was sie geworden wären."

Wenn wir auf solche Weise versuchen, zu erahnen, welches Maß es ist, das dem Sterben dessen zugehört, den wir begleiten, werden wir vermutlich nicht in Gefahr geraten, unser Zeitgefühl als das „richtige" zu sehen, und wir werden eher fähig sein, uns mit dem ganz eigenen Zeitablauf einstimmig zu fühlen, in den wir ohnehin keinen Zugriff haben. Wir werden auch innerlich eher mit einer unerwartet rapiden Verschlechterung im physischen und psychischen Zustand oder der Plötzlichkeit eines Sterbens umgehen können – oder damit, dass, wie ich es in einer Begleitung erlebt habe, ein Patient, dem eine Lebensspanne von nicht mehr als ein, zwei Wochen vorausgesagt war, noch Jahre lebt, immer wieder in akuten Sterbe-Situationen, als hätte er das endgültige Gehen gewissermaßen einüben müssen.

So öffnet sich unsere Sicht auf die Zeit zum Sterben durch einen Gedanken, der über all dem steht: Mancher Mensch braucht vielleicht am Ende seines Lebens auch noch eine Zeit zum Gebären, zum Gebären eines bis dahin noch ungelebten Teils seiner selbst.

Eine Zeit zum Gebären
und eine Zeit zum Sterben

Tun und Nicht-Tun

In order to do something you have to be willing to do nothing.
Um etwas zu tun, musst du bereit sein, nichts zu tun.
Diesen Satz meiner Ausbilderin in USA habe ich ein ganzes Jahr
lang auf meinem Schreibtisch liegen gehabt, denn er erinnerte mich
an eine der schwierigsten Aufgaben im Begleiten von Menschen in
Not, in Krisen, in schweren Zeiten.
Nichts tun, um wirklich gut zu begleiten? Nichts tun angesichts
von seelischer und körperlicher Not? Nicht-Tun als beste Möglichkeit, wenn wir uns fragen: „Was mach' ich nur jetzt?"
Genau das gehört zum Schwersten, wenn wir mit den Weg mit
unheilbar kranken und sterbenden Menschen gehen: eben nicht gleich
mit einer Antwort auf Fragen zur Stelle sein zu wollen. Uns nicht
gleich in irgendwelche Geschäftigkeiten zu flüchten, wenn wir nicht
wissen, was wir sagen sollen, damit nur ja unsere Hilflosigkeit nicht
sichtbar wird. Nicht gleich Trost zusprechen zu wollen angesichts
von Klagen oder Jammern. Nicht gleich ein Seufzen zuzudecken mit
aufmunternden Worten. Stattdessen nichts zu tun als es einfach auszuhalten mit dem Sterbenden in der Dunkelheit oder auch oder auf
den hellen Wegstrecken. In seinem ganzen Auf und Ab.
Ich erinnere mich an eine Zeit, in der ich selbst im Krankenhaus
lag. Es war ohnehin nicht gerade eine fröhliche, erfüllte Phase meines Lebens, und nach einer Operation war ich meinen Schmerzen
und meinem Kummer ziemlich ausgeliefert. Es gab wohl die eine
oder andere Schwester, die mir zuredete, es gab auch eine, die sagte,
ich machte nichts als Arbeit – was verständlicherweise meine Verzweiflung noch steigerte –, und es gab eben die vielen, die voller
Geschäftigkeit waren. Da war auch ein Pfarrer, der mit forcierter
Fröhlichkeit das Krankenzimmer betrat und meinte, irgendwelche

Lied-Verse wären jetzt das Richtige, um mich aufzumuntern. Und sie alle machten mich nur umso verzweifelter.

Der einzige Mensch, der mir wirklich gut tat, war ein Freund, der mich besuchte. Er setzte sich neben mich, meinte, „Du hast's wohl nicht einfach jetzt ...", und das war auch schon alles. Mehr fiel ihm vielleicht auch nicht ein. Jedenfalls saß er dann nur still bei mir, schaute mich an, schaute auch mal aus dem Fenster und war eben einfach nur da. Und genau das war so wohltuend, dass ich mich geborgen fühlte und auch verstanden, ohne irgendwelche Erklärungen geben zu müssen. Das, was er mir schenkte, war wohl, wenn ich heute darüber nachdenke, Raum für mich, Raum für meine Gedanken, meinen Kummer, Raum, den er nicht selbst mit Ratschlägen, Trost oder Hilfs-Angeboten zu füllen versuchte.

Die Tatsache, dass ich mich nach fast vierzig Jahren noch an diese Szene erinnere, spricht schon für sich. Und sie hat sich mir durch ihre heilsame Wirkung so deutlich eingeprägt, dass sie in vergleichbaren Situationen, wenn ich diejenige bin, die am Bettrand eines Menschen sitzt, sofort wieder vor meinen Augen ist – und mir sagt, was ich tun soll. Oder besser: was ich nicht tun soll.

Seltsamerweise entsteht tatsächlich der Raum, den ich für mich selbst, für meine Gedanken, für meine Trauer oder Verzweiflung, für mein Suchen brauche, eher, wenn da jemand ist, der ihn mir „gibt". Das ist auch eines der Geheimnisse jeder guten Psychotherapie: dem anderen das Gefühl zu geben, angenommen zu sein, und nicht durch bohrendes Hinterfragen zu unterbrechen, sodass er schweigen kann oder sprechen nach seiner Art, in seinem Maß, und sich so, zu seiner Zeit, aus seinem Dunkel heraus entwickeln kann.

Mir fällt dazu ein Beispiel aus der Natur ein: die Blumenzwiebeln in einem Gartenbeet. Wenn ich nun mit der Hand in der Erde nach ihnen suchte, würde ich sie nur stören, und wenn ich beim ersten Erscheinen einer kleinen grünen Spitze meinte, ich müsse daran ziehen, damit sie schneller wüchse, wäre ich schlecht beraten.

Ähnlich ist es ganz offenbar, wenn sich angesichts des nahen Todes ein Mensch dieser Tatsache in seiner Zeit, in der ihm ganz eigenen Weise, zu nähern beginnt: Ich würde ihm einen schlechten Dienst erweisen, wenn ich ihm diese wichtige Entwicklung seiner

Gedanken- und Gefühlswelt durch Geschäftigkeit, durch Fragen oder gar den Versuch, zu trösten, schwerer machen würde als sie ist. Statt dessen kann ich darauf vertrauen, dass es diese anderen Gespräche geben kann, die ohne Worte auskommen, selbst ohne Berührung, die sich nur im stillen Einverständnis bewegen, im Wissen um das, was ist.

Also kann ich auch im Schweigen Raum geben nach einem Satz wie dem, den ein Patient in den letzten Wochen seines Lebens immer und immer wieder sagte: „Ich hab' ein so schönes Leben gehabt. Ich hab' so viel Schönes erlebt und gesehen ...." Ich wusste, ich brauchte die lange Pause nicht zu füllen, die danach entstand, nicht einmal durch Fragen. Das Äußerste war höchstens noch ein sachtes Wiederholen: „So viel Schönes...", um zu zeigen, dass ich bereit war, die Erinnerungen mit ihm zu teilen, falls er es möchte. Denn wenn ein Sterbender seinen Erinnerungen nachträumt, und wir uns ungefragt einmischen, statt einfach ganz ruhig dabei zu bleiben, sind wir auch nicht gut beraten, ja, wir können durch unser wohlgemeintes Dazutun heilsame Prozesse beim Sterbenden verhindern, und einen Augenblick, der voller Möglichkeiten gewesen wäre, unwiederbringlich zerstören.

Es gibt im Griechischen das Wort Polypragmosyne, ein Wort, für das ich keine wirklich angemessene deutsche Übersetzung gefunden habe, außer einem Ausdruck aus dem Bayerischen: „G'schaftlhuberei". Vielgeschäftigkeit, so heißt das bei Thomas von Aquin, und er rechnet sie unter die Untugenden, unter die Laster, vor denen wir uns hüten sollten. Sie ist die ungesunde, die unheilvolle Rückseite einer Tugend, die wir oft in reichem Maße vorfinden bei allen, die sich gern hilfreich ihren Mitmenschen zuwenden: der Tüchtigkeit. Wenn wir uns dieser Falle bewusst bleiben, in die uns gerade eine Begabung, eine gute Anlage zu locken droht, unterstützt das zu seiner Zeit auch unsere Bereitschaft zum Nicht-Tun.

Tatsächlich ist dann das, was so schwierig zu sein scheint, nämlich: dem Sterbenden mehr Raum in seiner letzten Lebenszeit zu geben, – mehr „Zeit zum Sterben" zu lassen, viel einfacher als wir es uns sonst durch unsere allzu große Hilfsbereitschaft machen.

Eine Zeit zum Pflanzen
und eine Zeit zum Abernten der Pflanzen

Archiv für heilsame Bilder

Als eine der schönsten Aufgaben in einer Begleitung empfinde ich die: Archivarin für gute innere Bilder zu sein. Vom ersten Kennenlernen an höre ich immer dann besonders aufmerksam zu, wenn Erinnerungen und Bilder auftauchen, die die Augen des Patienten aufleuchten lassen, Geschichten, die er, auch wenn seine Stimme sonst matt und leise war, plötzlich angeregt bunt und plastisch erzählt. In diesen Momenten höre ich nicht nur mit Vergnügen zu, sondern bin gleich auch bereit, besonders sorgfältig zu „speichern".

Einen Speicher anzulegen, ist hier ganz ähnlich zu verstehen wie das Füllen eines Kornspeichers nach der Ernte. Steine, Unkraut und Stroh bleiben draußen, nur die goldenen Körner werden eingesammelt und bewahrt für die Zeit, in der sie Nahrung geben können aus dem eigenen Boden. Denn wenn Phasen der Verwirrung und der Ängste kommen, der Verzweiflung auch über ungelebte Lebensanteile oder die Kürze des Seins, werden vielleicht diese Geschichten und Bilder helfen, den Sterbenden auf eine heilsame Weise mit sich selbst, mit seinen ganz besonderen Gaben, seinem inneren Reichtum, dem Paradies der Erinnerung in Kontakt zu bringen.

Dabei können wir uns oft auf ganz einfache Dinge beschränken. Es muss nichts Kompliziertes, nichts geistig oder lebensgeschichtlich ungeheuer Anspruchsvolles sein.

Ich habe einen Patienten an einem seiner letzten Tage vor Augen. Er war sehr unruhig und hatte auch immer wieder mit Schmerzen zu kämpfen. In den letzten Wochen hatte er viele Erinnerungen mit mir geteilt, viele Bilder aus seiner Kindheit und Jugend. Trotzdem weiß ich bis heute nicht so recht, was mich gerade in dieser Situation auf den Gedanken brachte, ihm vorzuschlagen: „Vielleicht gehen Sie in Gedanken einfach für eine Weile in die Landschaft Ihrer Kindheit, vielleicht auf eine schöne Sommerwiese ..." Ich erschrak sehr, als er, nach einer kleinen Pause von zwei, drei Sekunden, rief, ja, fast schrie, mit lauter, starker Stimme: „Sommerwiese!! Sommerwiese!!!!" und dann leiser und immer leiser und mit strahlendem Gesichtsausdruck: „Sommerwiese, Sommerwiese ..." Seine Frau kam herbeigelaufen, aufgeschreckt durch sein lautes Rufen, und dann beruhigt durch seinen heiteren, friedlichen Gesichtsausdruck. Wir konnten ihn danach, als er in einen entspannten Dämmerschlaf gefallen war, eine Weile ganz zufrieden allein lassen, und sie erzählte mir leise in der Küche nebenan, wie oft er früher von seinen Fahrradtouren in die Umgebung seines Heimatdorfes erzählt hatte und von einer Wiese am Waldrand, in der er immer lag, um die Wolken zu beobachten und zu träumen.

Dieses Paradies aus der Kindheit war für ihn so leicht erreichbar gewesen. Und die Kraft, die Ruhe, die Wärme und Geborgenheit dieser Landschaft übertrug sich auf wunderbare Weise in seine so schwere Situation, dass für eine Zeit selbst die Schmerzen gebannt waren.

Noch einmal in Erinnerungen an ihre Kindheit eintauchen zu können, war auch für eine andere Patientin so wichtig, dass sie sich von mir wünschte, „Effie Briest" vorgelesen zu bekommen. Nicht die Handlung oder irgendeine Identifikation mit der Hauptfigur war es, was sie in diesem Buch noch einmal finden wollte, sondern die Landschaft ihrer Kindheit, die Theodor Fontane genauso geliebt haben muss, denn es war auch die seine: die Mark Brandenburg.

So waren es Landschaften, die ich in meinem Archiv gesammelt habe, oft aber auch Erinnerungen an bedeutsame Begegnungen oder an Menschen, die mit ihrem Mut oder ihrer Weisheit oder ihrer Zuversicht zu Vorbildern geworden waren.

Da war zum Beispiel eine Lehrerin, die für eine Patientin noch weit über die Schule hinaus zur Weggefährtin geworden war, an der sie sich immer wieder gedanklich orientiert hatte. So, dass ich in einer kritischen Zeit kurz vor dem Tod dieser Patientin, als sie, von Zweifeln überfallen, um Antworten rang, sie fragte: „Was könnte Ihre Lehrerin wohl in diesem Augenblick sagen?" Ich weiß nicht, was für Antworten da aufgetaucht sein mögen, ich beobachtete nur, wie die Verzweiflung und Suche sich zu lösen begann und einer fast heiteren, entspannten Stimmung wich, die offenbar einer stummen Zwiesprache mit der einstigen Weggefährtin zu verdanken war.

Ein ganz anderes Paradies entdeckte ich bei einer Patientin, die Gedichte über alles liebte. In der Zeit, als sie noch ansprechbar war, haben wir uns oft über Lyrik unterhalten. Viele Gedichte und Balladen kannte sie auswendig, und eines war ihr anscheinend das liebste: Verse von Eichendorff (Ludwig Reiners, Der ewige Brunnen. Ein Hausbuch deutscher Dichtung, München 1988) voller Ruhe und Schönheit:

Es war, als hätt' der Himmel
Die Erde still geküsst
Dass sie im Blütenschimmer
Von ihm nun träumen müsst.'
Der Wind ging durch die Felder,
die Ähren wogten sacht
Es rauschten leis' die Wälder
So sternklar war die Nacht.
Und meine Seele spannte
Weit ihre Flügel aus
Flog durch die stillen Lande
Als flöge sie nach Haus.

Es wäre unsinnig gewesen, ihr dieses Gedicht am Bett zu rezitieren. Sie kannte es ja, es hatte für sie seinen ganz eigenen Klang. Es reichte, die erste Zeile als leisen Impuls zu geben. Und sie, die sonst voller Ängste, voller Unruhe war, hatte, wenigstens für kurze Zeit, Zugang zu den ihr so kostbaren Bildern, zu ihrer inneren Heimat.

Die Beispiele für all das, was ich so in den vergangenen Jahren gespeichert habe in meinem speziellen Archiv, sind so zahlreich und so vielfältig wie die Menschen, die ich begleitet habe. Ich selbst bin reicher geworden durch die Kostbarkeiten, die ich zum Weitergeben, zum Zurückgeben gesammelt habe. Und so nebenbei habe ich dadurch auch gelernt, aufmerksamer den Speicher meiner eigenen Lebensgeschichte zu füllen.

Eine Zeit zum Pflanzen
und eine Zeit zum Abernten der Pflanzen

Lebensgeschichte als Vermächtnis

Eine der spannendsten Facetten der Sterbebegleitung ist es, wenn ein Patient beginnt, aus seinem Leben zu erzählen. Wie viel wir da in unser „Archiv", in diesen kostbaren Speicher sammeln können, habe ich im letzten Kapitel geschildert. Aber es gibt noch eine andere, wesentliche Arbeit, die nebenbei geleistet werden kann in solch einer Rückschau, wenn wir nicht nur aufmerksam zuhören, sondern auch beginnen, die Lebensgeschichte gemeinsam zu betrachten, gerade auch mit all den Tiefen und Krisen und Schicksschlägen – und den dazugehörigen Strategien, die hinaus führten, den Wendungen, die unverhofft ins „Trotzdem Ja sagen" mündeten. Schon hier wird ganz deutlich, wie ein Stück Welt für beide, den Erzählenden und den Zuhörer in den vielfältigsten Dimensionen sichtbar wird, oft auch in den überraschend positiven Facetten der schweren Zeiten.

Zum gut Zuhören gehört dabei auch das Fragen nach all dem, was uns dazu in den Sinn kommt und was wir besser verstehen möchten: „Wie hast du das überstanden?", „Was hat dir damals geholfen?", „Wer war damals für dich da?" Und wenn wirklich niemand da war: „Hattest du einen Schutzengel?", „Wenn du zurückdenkst: War Gott für dich da?", „Hast du etwas aus dieser Zeit lernen sollen?" und „Was war die Botschaft dieses Erlebens?", „Woher nahmst du die Kraft?", „Was kannst du aus all dem Schwierigen als Botschaft an andere weitergeben?", „Wenn ich einmal in solch eine schwere Lage kommen sollte, was würdest du mir raten?", „Und was hätte dir damals gut getan, was hättest du dir von deiner Umgebung als Hilfe gewünscht? Was kann ich also daraus lernen für eine Situation, in der ich einem anderen auf einer ähnlichen Wegstrecke seines Lebens Begleiter sein möchte?"

Um den Fluss der Erinnerungen anzuregen, habe ich immer gern mit den Patienten in alten Foto-Alben gestöbert. Wie kurios uns heute die Mode von damals vorkommt, und die Autos! Oft haben wir gemeinsam Briefe aus vergangen Jahren gelesen, haben über Urkunden gelacht, die mit bierernster Wichtigkeit bescheinigten, dass „Der Schüler ... beim Turnfest im Hochsprung den siebzehnten Platz belegt hat", oder darüber, wie das erste verwackelte selbstgeknipste Foto immerhin den Rumpf der Freundin zeigt – nur eben leider nicht den Kopf. Ich habe mir von Kinderfesten erzählen lassen und von Sankt-Martins-Umzügen, von Geburtstagseinladungen, von der Verlobung und der Hochzeitsfeier, von Besuchen des geliebten Patenonkels, der jeden Unfug mitmachte, und dem der verhassten Großtante, die an allem rummeckerte, kaum dass sie auftauchte. Ich habe viele Ferienlandschaften vor Augen, wenn ich mich an die Lebensgeschichten der Menschen erinnere, die ich begleitet habe. Ich kann förmlich noch den Sand auf der sonnenverbrannten Haut spüren, den Rauch von Kartoffelfeuern riechen, die ersten Schneeflocken auf den Lippen schmecken.

Diese Lebensgeschichten waren alle so voll von Begegnungen, Abschieden, Trennungen und Wiederfinden, von Sehnsucht und Erfüllung, dass es meist gar nicht meiner Anregung bedurfte, um die Schilderungen im Fluss zu halten.

Manchmal allerdings, zum Beispiel wenn wir beide ins Grübeln kamen: „War das nicht in dem Jahr der Olympischen Spiele?" oder „Damals kam doch gerade dieser berühmte Film ins Kino ...", konnte zuweilen auch ein Buch wie „Stein's Kulturfahrplan" dienlich sein, in dem wir dann gemeinsam noch vieles entdeckten oder die „Chronik des 20. Jahrhunderts", die uns half, die Lebensgeschichte in den Zusammenhang zu all den anderen Daten und Ereignissen zu setzen.

Um den Reichtum, den solch eine ganz private Chronik birgt, auch an die Familie weitergeben zu können, ist es manchmal eine gute Idee, den Patienten zu fragen, ob wir nicht einen Kassettenrecorder mitlaufen lassen sollten. Meine Mutter, noch 7 Jahre vor dem ersten Weltkrieg geboren, hat immer so spannend aus ihrer Kindheit berichtet, dass ich sie eines Tages gebeten habe, das, was sie erzählte, aufnehmen zu dürfen. Ich habe das Ganze dann auch noch abgeschrieben und mit ihr gemeinsam „redigiert", und so ist ein Rückblick entstanden, der nicht nur für mich, sondern auch für meine Brüder und deren Kinder – und eines Tages für ihre Enkelkinder – zu einer ganz eigenen Familien-Erzählung geworden ist.

Aber nicht nur Tonaufnahmen, auch Video-Aufzeichnungen sind ein Zeit-Dokument, mit dem ein Patient über seinen Tod hinaus noch seinen Freunden und seiner Familie ein wichtiges Geschenk machen, oder auch eine Art Vermächtnis hinterlassen kann. Eine Altenpflegerin hat mir von einem Patienten erzählt, der noch kurz vor seinem Tod darauf bestand, dass alles technisch Notwendige arrangiert wurde, um ihm die Möglichkeit für eben solch eine Botschaft zu geben, mit der er auch die erreichen wollte, die nicht mehr rechtzeitig für einen Abschied bei ihm sein konnten. Auf diesem Video hat er dann, so sagte sie, von den Episoden seines Lebens berichtet, die seinen Weg bestimmt haben, und von den Menschen, die ihm Wegweiser geworden sind. Er hat sich bedankt für das viele, womit er im Leben beschenkt wurde, und hat auch Frieden geschlossen mit manchem, was hart war.

Sicher, dieser Chance, bewusst und in Klarheit, mit der Bereitschaft, so eine Lebenschronik noch zu Ende zu erzählen, werden wir in den letzten Tagen vor dem Tod nur bei sehr wenigen Menschen begegnen. Umso sinnvoller könnte es vielleicht sein, diese Möglichkeit lange vorher schon einmal mit ihnen zu erwägen – natürlich nur dann, wenn die Freude am Erzählen ohnehin der Mentalität, der Art dessen entspricht, den wir begleiten.

Wenn ein Mensch die Geschichte seines Lebens erzählt, ist das immer ein Gewinn: für ihn selbst und für diejenigen, die ihm zuhören, und das umso mehr, wenn der Erzähler sich bewusst ist, dass diese Geschichte nun bald zu Ende geschrieben sein wird.

Eine Zeit zum Töten
und eine Zeit zum Heilen

Aktive Sterbehilfe?

Eine Zeit zum Töten? Es gibt kaum eine Situation, die uns mehr Angst macht, als wenn der Sterbende sagt: „Ich halte es nicht aus, ich will so nicht mehr leben. Bitte sorge dafür, dass das ein Ende hat." Vermutlich geschieht das zu einer Zeit, zu der wir selbst kaum mehr fähig sind, das Mitleiden mit dem Kranken auszuhalten, und das macht es noch schwerer für uns.

Wenn wir nun aber versuchen, uns in den hineinzuversetzen, der uns um die Erlösung aus einer Lage bittet, die ihm unerträglich geworden ist, werden wir in unserer Reaktion hoffentlich zögern.

Das erste Mal, dass ich selbst in diese Problematik hineingeraten bin, liegt schon viele Jahre zurück. Heute würde ich anders reagieren, aber damals habe ich mich leider so verhalten, dass ich mit großer Wahrscheinlichkeit – sicher kann ich nicht sein – eine Tür zugeschlagen habe, die zu einer wichtigen gemeinsamen Wegstrecke hätte führen können.

Eine Bekannte, nicht eine Freundin aber doch eine Frau, die mir nah genug war, um viel Vertrauen zu mir zu haben, lag im Krankenhaus. Ich wusste, dass sie an einem nicht mehr operablen Krebs litt und dass sie nicht mehr lange zu leben hatte. Ich hatte sie in den letzten Wochen immer wieder besucht. Unsere Gespräche waren manchmal belanglos, manchmal ging es auch um Themen, die mir ihre religiöse Einstellung sichtbar zu machen schienen: zum Beispiel ihre Dankbarkeit für einen kirchlichen Gesprächskreis, in dem sie Frauen gefunden hatte, die sich um sie kümmerten, als sie noch zu Hause war. Von meiner eigenen Einstellung wusste sie nicht allzu viel, aber doch immerhin, dass mir Gebete wichtig sind, und dass ich gern in die Kirche gehe.

Als sie nun bei meinem Besuch, für mich völlig unerwartet, sagte, sie wolle nicht mehr leben, und ich solle ihr dabei helfen, eine Möglichkeit zu finden, um ihrem Leben ein Ende zu setzen, ich sei doch früher mal Krankenschwester gewesen, und da wüsste ich doch Mittel ..., war ich so erschreckt, dass ich redete, ohne vorher zu überlegen. Ich wollte mich weiß Gott nicht zur Richterin aufspielen, nichts hätte mir ferner gelegen. Aber als ich sagte, sie wisse doch, wie ich dächte, und dass mir deshalb so etwas einfach unmöglich sei, – da wird es vielleicht doch so angekommen sein, als verurteilte ich sie und das, was ihr in diesem Moment der einzige Ausweg aus ihrem Leid schien. Sie muss sich wohl unverstanden gefühlt haben, ja, nicht nur das, sondern im Stich gelassen, und sie hat mich vielleicht dazu noch auf diese unangenehm milde Weise urteilend und besserwisserisch empfunden. Mir wird heute noch ganz flau zu Mute, wenn ich daran denke, und ich kann nur hoffen, dass sie mir verziehen hat. Ich hatte es nicht so gemeint. Aber die Wirkung war doch spürbar: die bis dahin langsam gewachsene Nähe war von diesem Tag an einer Distanz gewichen, die nicht mehr rückgängig zu machen war.

So habe ich von ihr, wie von jedem Menschen, den ich bisher begleitet habe, viel gelernt. Leider in diesem Fall aus meinem Fehler.

Alles, was auch nur irgendwie in die Nähe von Urteilen reichen könnte, ist in solchen Situationen sicher nicht heilsam. Mit dem moralischen Zeigefinger unsere ethische oder religiöse Position darzustellen hieße: Wir nehmen die Bitte nicht nur nicht ernst, sondern verurteilen den, der sie stellt. Auch jeder Versuch, analysierend die Situation zu zerlegen oder in selbstgestricktes Psychologisieren zu verfallen, oder tröstende Worte zu finden, in die wir uns verzweifelt zu retten versuchen, können alle Offenheit, die uns vom Patienten geschenkt wurde, zerstören.

Gingen wir gar auf die sachliche oder juristische Ebene und versuchten, Zuständigkeiten oder Rechte abzuwägen oder ins Feld zu führen, wären wir im selben Moment auch nicht mehr die Gesprächspartner des Sterbenden, als die er uns sah – wir hätten die vertrauensvolle Basis zerstört, auf der wir miteinander gingen. Auch das wäre wohl kaum mehr rückgängig zu machen. Der Versuch, den, der uns solch eine Bitte zumutet, von irgend etwas überzeugen zu wollen, wird mit Sicherheit nichts als Widerstand hervorrufen.

Ja, ich denke, es ist überhaupt ein Fehler, so zu tun, als könnten wir mit dieser Situation sicher und gut umgehen. Denn – wenn wir ehrlich sind – das kann wahrscheinlich niemand. Ehrlichkeit ist aber in diesem Moment sicher das beste, was wir dem anderen schenken können. Wenigstens das. Und auch dieses: unsere Hilflosigkeit mit ihm teilen.

Das wiederum kann natürlich kein „praktizierbares Patentrezept" sein, das wir für diesen Fall schon als eine Art Lösung bereit halten. Auch das wäre unehrlich. Nur: Ich möchte Ihnen Mut machen, hier mitsamt Ihrem Gefühls-Durcheinander, in das Sie geraten können, authentisch zu bleiben. Und, wieder einmal: sich Zeit zu lassen. Denn selbst wenn Sie vorher im Gespräch mit anderen oder in Ihren Gedankengängen in den letzten Tagen die Frage um Möglichkeiten einer aktiven Sterbehilfe schon einmal abstrakt erwogen haben sollten, wird Ihre Antwort jetzt, wo sie vom Sterbenden gestellt wird, mit großer Wahrscheinlichkeit anders, zumindest noch viel unsicherer ausfallen als vorher.

Die Zeit aber, die wir uns in diesem Augenblick nehmen, könnte auch für den, der uns um Hilfe bittet, heilsam sein. Er kann dadurch seine eigene Entscheidung noch einmal in Ihren Augen, in Ihrem Zögern, in Ihrer Hilflosigkeit gespiegelt sehen und sie vielleicht in diesem Licht selbst noch einmal überdenken.

Zeit lassen – das führt uns selbst wieder in die Aufmerksamkeit, die wir brauchen, um noch einmal nachzuhören, was gesagt wurde, und das eine Wort nicht zu überhören, das vielleicht das geheime Zentrum dessen ist, was der Sterbende gesagt hat, nämlich das „so".

„Ich will so nicht mehr leben", oder „Ich will so nicht mehr weiterleben", oder „Ich kann so nicht mehr weitermachen". Das ist es, was auch Suizid-Gefährdete denken oder sagen. Nicht: „Ich will nicht mehr leben".

Zumindest, wenn wir vorsichtig nachfragen, indem wir dieses „so" einfügen: „Du willst so nicht mehr leben?" werden wir wahrscheinlich ein „Ja" als Antwort bekommen. Und hier liegt der Schlüssel zu dem, was wir mit einem Schwerkranken, der nach Sterbehilfe verlangt, noch gemeinsam anschauen können.

Wir können zum Beispiel fragen: „Was ist so schwer, was ist das Schwerste für dich?" und dann, wenn wir erfahren, was es ist, gibt es vielleicht Wege aus diesem Engpass hinaus.

Eine Hinsicht scheint dabei besonders häufig: die akuten Schmerzen, oder die Angst vor Schmerzen, die noch kommen werden. Dabei gibt es die Möglichkeit, die Schmerztherapie noch einmal sorgfältig zu überdenken: Ist es der richtige Arzt, der hier behandelt, also jemand, der in Palliativ-Medizin kundig und eine wirklich gute Schmerztherapie durchzuführen imstande ist? Nicht alle, aber doch fast alle Schmerz-Situationen sind nämlich durchaus in den Griff zu bekommen, zumindest so, dass sie erträglich sind. Die Mär, dass Morphium zwar Schmerzen lindern kann, dabei aber das Bewusstsein einschränkt, den klaren Blick trübt und den Patienten in einen Dämmerschlaf versetzt, ist leider in Deutschland noch nicht ausgerottet, wir treffen sie zum Glück allerdings bei Medizinern nicht mehr all zu oft an. Es gibt aber immer wieder Patienten, die vor einer medikamentösen Schmerzlinderung zurückschrecken mit dem Argument: Ich will wenigstens bis zuletzt klar im Kopf bleiben, will bei vollem Bewusstsein meine letzten Wochen oder Tage erleben. Dass das durchaus möglich ist, auch und gerade mit einer optimalen Schmerz-Therapie, ist für den Sterbenden eine absolut wesentliche Information. Zudem: Wenn wir uns die Situation mit all ihrem Schrecken klar machen, ist jemand, der halb wahnsinnig wird vor Schmerzen, erst recht alles andere als bei vollem, klarem Bewusstsein.

Hier ist es wie so oft wichtig, dass die Zusammenarbeit zwischen den Pflegenden und dem Hausarzt optimal ist, um dem Sterbenden alle Informationen, die er braucht, so zu vermitteln, dass er sich in der Lage zu guten Entscheidungen für sich selbst sieht, und dass er eben nicht in einem solch verzweiflungsvollen Zustand gelassen wird, dass er nur noch sterben will, um den grauenvollen Schmerzen ein Ende zu setzen.

Ebenso unerträglich aber wie der körperliche Schmerz kann der psychische werden.

Wenn wir fragen, was alles so unerträglich macht, kann die verzweifelte Antwort kommen: „Diese unwürdige, demütigende Situation halte ich nicht mehr aus." In diesem Moment kann es hilfreich sein, wenn wir miteinander darüber sprechen. Für den seelischen Schmerz, der hinter einem solchen Satz schon lange verborgen liegt, braucht der Schwerkranke Zeit. Zeit, um zu klagen, um auch zu weinen über das, was seine Not ist Tag für Tag, wenn er gepflegt wird, gewindelt, gewaschen, hilflos wie ein kleines Kind, gefüttert und versorgt, als hätte er keine Intimsphäre mehr, die zu achten ist. Es wird ihm sicher gut tun, wenn wir nicht gleich beschwichtigend dagegen reden, oder gar sagen: „Es gibt doch noch viel Schlimmeres ..." Das hier, die Demütigung, die er empfindet, ist das Schlimmste für ihn. Es ist so unerträglich, dass selbst der Tod noch besser wäre. So empfindet er es, und das ist seine Wahrheit. Jetzt.

Unsere Aufgabe kann es nun sein, das Bild, das für ihn die Wahrheit bedeutet, mit einem weiteren Rahmen zu versehen, so dass er einen größeren Zusammenhang wahrzunehmen beginnt, und dadurch tatsächlich seine Not sich relativieren könnte.

Wenn Sie ihm nah genug stehen, fühlt sich die folgende Frage sicher für ihn so stark an, dass er sie durch seine Verzweiflung hindurch auch wirklich hört: „Stell dir vor, wenn ich es wäre, die hier liegt an deiner Stelle. Und du müsstest mich auf alle erdenkliche Weise pflegen. Würdest du das für mich tun?" – „Und wenn du all das für mich tätest, was würdest du dir von mir wünschen? Dass ich sage: Geh weg, ich kann das nicht aushalten? Oder vielleicht eher: Wir haben's schon schwer jetzt, alle beide. Gut, dass du da bist ...?" Und wenn er dann sagt: „Aber es ist ja nicht so! Du bist es nicht, sondern ich ...", dann könnten Sie liebevoll insistieren: „Es ist mir wichtig, dass du mir das sagst, bitte!" Wenn er begänne, sich wenigstens für einen kurzen Moment auf Ihre Frage einzulassen, wäre es möglich, dass er auch seine eigene Situation in anderem Licht sehen könnte. Und dazu hätte es vermutlich nicht ausgereicht, wenn wir nur versichert hätten: „Du musst das doch nicht als beschämend sehen, wir alle tun das doch gern für dich, das weißt du doch!"

Die folgende Geschichte habe ich als die wohl überraschendste Weise erlebt, mit dieser Thematik umzugehen. Sie soll wiederum nicht als Patentrezept dienen, aber sie zeigt doch, wie verschiedenartig die Annäherung an einen Menschen sein kann, der sich mit dem herumplagt, was ihm dieses quälende Gefühl der Würdelosigkeit gibt.

Eine alte Ordensschwester hatte damals auf fast drastisch-derbe Art eine Patientin zurechtgewiesen, die jammerte, sie wolle nicht mehr leben, weil sie das alles als so demütigend empfände, und weil sie allen nur noch eine Last sei. Da polterte die Schwester mit ihrer lauten, tiefen Stimme los: „Ach Quatsch! Seien Sie doch froh, dass Sie denen Gelegenheit geben, endlich mal etwas Gutes zu tun!!!" Ich stand dabei und hielt den Atem an, denn das war so gar nicht das, was ich von ihr, der sonst so Einfühlsamen, erwartet hatte. Und die Wirkung? Die war absolut überraschend. Die Patientin war noch für eine Sekunde ganz in ihrem Selbstmitleid gefangen, und dann stutzte sie. Es brauchte noch einen Moment, bis diese Ungeheuerlichkeit durchrutschte, aber dann ging ein Lächeln über ihr Gesicht, zögerlich erst, und wurde dann zu einem fast verschmitzten Grinsen, das ich noch heute vor Augen habe.

Wenn es wie hier gelingt, den Patienten, die Patientin, die Situation aus einem anderen Blickwinkel sehen zulassen, und sie so aus der eingeengten Sichtweise herauszuführen, wird der Tod vielleicht nicht mehr als einziger Ausweg aus dem Leid erscheinen.

Auf meine Frage nach dem, was denn alles so endgültig unerträglich zu machen scheint, gab eine Patientin die erschreckende Antwort, sie sähe keinen Ausweg mehr, weil sie nur noch von einem einzigen trostlosen Gefühl der Sinnlosigkeit und Gottverlassenheit beherrscht sei, einem Verlust an allem, was noch über das hinausreichen könnte, was sie hier in ihrem Krankenzimmer gefangen hielt.

Ich begann, tastend nachzufragen, ob das immer so gewesen sei, ob es eine Zeit gab, bis zu der noch ein Sinn-Zusammenhang gewesen war, ein Gefühl der Nähe zu Gott oder ein Ahnen von etwas, das Geborgenheit gab. Als darauf wieder nur ein verzweifeltes Klagen kam, ein Anklagen auch, war das offenbar kein Hinweis darauf, dass ich das besser nicht hätte fragen sollen. Diese Energie, mit der sie ihre Verlassenheit und ihr Gefühl der Sinnlosigkeit in Worte fasste, war schon ein Teil ihrer Suche, die sie doch noch nicht aufgegeben hatte. Dieser Suche, dieser Sehnsucht ein Ventil zu geben, war wie ein Wegbeginn, auf dem sie vielleicht weitergehen konnte, es war etwas, wenn auch ein Weniges, was ich für sie tun konnte. Danach war dann bald nicht mehr ich die Gesprächspartnerin, die sie brauchte, sondern einer ihrer Brüder, mit dem sie sich früher wohl viel über ihr geistiges und geistliches Auf und Ab ausgetauscht hatte. Mit ihm begann dann eine letzte Zeit von gemeinsamem Ringen um endgültige Antworten, die ihr so wichtig waren, dass sie ihre Lebenszeit nicht mehr willkürlich zu verkürzen suchte, sondern fast bis zum Ende noch einmal ganz konzentriert war auf diese Suche, bevor sie loslassen konnte.

Nach Aussagen der Ärzte scheint tatsächlich der häufigste Grund für die Bitte um aktive Sterbehilfe das Gefühl der Sinnlosigkeit zu sein.

Das gemeinsame Bemühen um eine Sinnfindung in dieser letzten Lebensphase – und gerade dann – ist ein so zentraler Aspekt in der Begleitung Sterbender, dass ich ihm ein gesondertes Kapitel gewidmet habe (Seite 130). Ich halte diese ganz besondere Not für eine der quälendsten. Sie wird wahrscheinlich oft nicht vom Sterbenden als solche angesprochen, umso mehr bedarf es also unserer Aufmerksamkeit. Schon allein das gemeinsame Ringen um Wege zu einem sinnvollen Leben bis zuletzt kann nach meiner Erfahrung den Wunsch nach einem willkürlich vorgezogenen Ende zum Verblassen bringen. Das heißt, wir müssen durchaus nicht mit fertigen Lösungs- und Hilfs-Projekten aufwarten. Der Entschluss, sich gemeinsam auf die Suche zu begeben, ist schon der erste wesentliche Schritt aus der Hoffnungslosigkeit.

„Wer an der Hand eines Menschen sterben kann, wird sich kaum wünschen, durch die Hand eines Menschen zu sterben." Dieser Satz (ich weiß nicht, von wem er ursprünglich stammt, ich habe ihn in der Hospiz-Literatur immer wieder gelesen), ist letztlich wohl die einzige Antwort, die wir uns im Gedächtnis bewahren können für den Fall, dass uns diese schwierige Frage nach aktiver Sterbehilfe gestellt wird. Samt allem, was das bedeuten kann: „an der Hand eines Menschen..."

Eine Zeit zum Töten
und eine Zeit zum Heilen

Heilendes für Unheilbare

Wenn ich in diesem Zusammenhang mit Ihnen über Heilendes nachdenken möchte, dann nicht in dem Sinn, den Ärzte mit diesem Wort verbinden. Für viele von ihnen ist es selbstverständlich, die körperliche Heilung ihrer Patienten anzustreben, und Sterben und Tod als Niederlage zu sehen. Sie sind diejenigen, die Heilendes vermutlich nur – oder zumindest eher – dort suchen, wo der Körper regenerieren und wieder gesund gemacht werden soll. Das ist verständlich und auch ganz richtig so, denn das ist ein wesentlicher Teil ihres Berufs-Ethos. Gut ist es, dass eine wichtige Sparte der Medizin in den letzten Jahren begonnen hat, mehr und mehr Raum zu greifen und ins Bewusstsein der Ärzte zu rücken: die Palliativ-Medizin, die sich den unheilbar Kranken widmet und ihnen die ärztliche Unterstützung gibt, die notwendig ist, um vor allem durch eine kundige Schmerz-Therapie Leiden so weit als möglich zu lindern, und dafür zu sorgen, dass die Patienten am Ende ihres Lebens keinen unnötigen körperlichen Belastungen oder Qualen ausgeliefert sind.

Aber es gibt noch andere Ebenen, auf denen Sterbende des Heilenden bedürfen. Das Feld erstreckt sich von einem emotionalen Bereich, in dem das angesiedelt ist, was wir mit dem altmodischen Begriff Gemüt bezeichnen, bis in die geistige, oder eigentlich eher noch die geistliche Ebene, auf der für manche in den Zeiten ihrer Vorbereitung auf den Übergang der Weg schwer werden kann, einsam oder angstbesetzt, von Reue oder Hoffnungslosigkeit gesäumt, voller Unruhe und Unklarheit, oft genug vom Gefühl beherrscht, alleingelassen zu sein.

Was Heilen in diesen so unterschiedlichen Bereichen bedeuten kann, zeigen vielleicht am besten zwei Beispiele: Geschehnisse, die sich beide im Vorfeld des Todes ereignet haben.

Da war ein Patient, dessen Haut, papierdünn geworden durch hohe Cortisongaben über viele Monate hinweg, an vielen Stellen gerissen war. Er hatte dadurch große Schmerzen, und ich versuchte, ganz vorsichtig die verordnete Salbe aufzutragen, während ich meinte: „Vielleicht hilft das doch, ein bisschen zu heilen." Ich nehme an, dass es dieses Stichwort war: „heilen", das er gehört und auf seine Weise aufgenommen hatte. Er sagte leise „Heile, heile ..." und schaute mich erwartungsvoll an. Mir fiel der Kinderreim ein. Ich versuchte es: „Heile, heile Segen?" Er schaute unzufrieden, aber weiter erwartungsvoll zu mir auf, und sagte ganz leise und zögernd: „Mause –". Da wusste ich, was er sich wünschte, und ich fing noch einmal an, und nahm die Melodie dieses kleinen, rührend tröstlichen Kinderliedes auf: „Heile, heile Gäns'che, es wird schon widder gut, – es Kätzche hat ä Schwänzche, es wird schon widder gut. Heile, heile.." und er sagte leise „Mau-se-speck", und ich weiter: „in hunnert Jahr is alles weg." Als er mich weiter anschaute, erwartungsvoll wie ein Kind, sang ich das Lied noch einmal, und dann leise noch einmal, und es war, als wenn nicht die Schmerzen auf der offenen Haut – die vielleicht auch –, aber vor allem die Schmerzen im Gemüt eine seltsame Beruhigung und Heilung erfuhren, die ich mehr erahnen als begreifen konnte, und die vielleicht in irgend einer Verbindung zu seiner längst verstorbenen Mutter standen, die er als Kind zärtlich geliebt hatte. Er ist in den frühen Morgenstunden des nächsten Tages gestorben. Wie getröstet, und ganz ruhig.

Mit dem zweiten Beispiel möchte ich eine Erfahrung mit Ihnen teilen, die mir einmal ein großes Geschenk gewesen ist gerade in der Zeit, als ich eine Patientin auf einer Wegstrecke der geistigen, geistlichen Qual begleitet habe, und mich dabei selbst ziemlich hilflos und unfähig fühlte. Sicher, als deutlich wurde, aus welchen Bereichen ihre Verzweiflung herrührte, hatte ich sie behutsam gefragt, ob sie sich vielleicht einen Besuch der Pfarrerin wünscht, oder ob da sonst jemand sei, mit dem sie gern über diese Dinge sprechen möchte, aber sie lehnte alles ab. Es ging ihr von Tag zu Tag, ja eigentlich stündlich so viel schlechter, dass sie auch tatsächlich immer weniger zu Gesprächen fähig gewesen wäre. Aber aus ihrem Stöhnen und den Wortfetzen, die ich auch nur zum Teil verstehen konnte, war immer noch herauszuhören, wie sehr sie mit Gott, mit irgend einer Schuld, mit ihrer Sehnsucht nach Frieden rang.

Ich bin sehr zurückhaltend damit, am Bett von Patienten ungebeten irgendwelche vorformulierten oder auch frei formulierten Gebete zu sprechen – so gern ich im Stillen für sie bete. In diesem Fall aber dachte ich, es würde dieser Frau gut tun, wenn sie etwas hörte, was sie in ihrer Not unterstützen könnte. Ich war mir aber nicht sicher, welche Gebete ihr vielleicht vertraut waren, womit ich sie womöglich nur irritieren würde, was ihr gut tun könnte. Ich wusste zu wenig über ihren geistlichen Weg bisher, nur, dass sie mit der Kirche so ihre Schwierigkeiten hatte.

In der großen Bücherwand hatte ich vor Tagen eine Bibel gesehen. Als die Patientin nun für eine kurze Weile in einen erschöpften Schlaf gefallen war, holte ich mir die Bibel und schlug sie, ohne recht zu wissen, wo ich suchen sollte, auf, und las: „Bahnt eine Straße, ebnet den Weg, entfernt die Hindernisse auf dem Weg meines Volkes". Ich hatte das Gefühl: Ja, das genau ist es, was ich jetzt für die Patientin tun sollte, was ich so gern für sie tun würde. Aber wie denn!? Dann las ich weiter in dem Text, der mir da so zufällig vor Augen geraten war, und ich las:

„So spricht der ewig Thronende, dessen Name „der Heilige" ist: Als Heiliger wohne ich in der Höhe, aber ich bin auch bei den Zerschlagenen und Bedrückten, um den Geist der Bedrückten wieder aufleben zu lassen und das Herz der Zerschlagenen neu zu beleben. Denn ich klage nicht für immer an, noch will ich für immer zürnen. Sonst müsste ihr Geist vor mir vergehen und ihr Atem, den ich erschuf. Kurze Zeit zürnte ich wegen ihrer Sünde, ich verbarg mich voll Zorn. Treulos ging es seine eigenen Wege. Ich sah, welchen Weg es ging. Aber ich will es heilen und führen und wiederum trösten, seinen Trauernden schaffe ich Lob auf den Lippen. Friede, Friede den Fernen und den Nahen, spricht der Herr, ich werde sie heilen." (Jes. 57, 14-18)

Er ist bei den Zerschlagenen und Bedrückten. Ja. Er sieht, welchen Weg sie gegangen sind, er will sie heilen und führen und trösten und Frieden geben. Heilen, das ist es! Ich war ganz sicher, dass das jetzt und in diesem Augenblick für diese Frau, die es sich noch so schwer machte, galt und Wahrheit war. Deshalb las ich diesen kurzen Text langsam vor, so dass sie ihn vielleicht noch hören und aufnehmen konnte in seiner befreienden Botschaft. Ich war nicht sicher, wie viel sie noch mitbekam von dem, was um sie war. Aber ganz offenbar hat sie das Heilende noch erreicht, denn ihr Gesicht entspannte sich, ja, der ganze Körper ließ die Spannung los, die ihn so lange fast krampfartig zusammengezogen hatte. Das war nicht mehr lange, bevor sie in Frieden gestorben ist.

Dann gibt es ja auch noch die Möglichkeit, Abendmahl zu feiern oder die Krankensalbung zu bekommen (die zum Glück nicht mehr mit diesem negativen Begriff einer „letzten Ölung" verbunden ist). Auch dies, und Handauflegen, und Segnen, kann Heilung bringen auf einer Ebene, die weit über das körperliche Leiden hinausgeht. Im letzten Kapitel wird davon noch einmal die Rede sein.

Diese Beispiele sollen hier nur die große Spannbreite aufzeigen, in der Heilung nötig und möglich sein kann. Sie können Ihnen vielleicht dazu dienen, Ihre Sensibilität zu schärfen, um zu erkennen, wann und auf welche Weise Zeit zum Heilen ist – für Menschen, die als „unheilbar" bezeichnet werden.

Eine Zeit zum Niederreißen
und eine Zeit zum Bauen

Verdrängen und Verleugnen

Dieses Thema hängt ganz nah mit dem eines späteren Kapitels zusammen: dem Umgang mit der Wahrheit. Wahrheit bedeutet in unserem Zusammenhang fast immer die Tatsache des nahen Todes. Oft ist es der Patient, der diese Tatsache von sich wegweist, mindestens ebenso oft aber sind es die Angehörigen, und manchmal sind es auch alle beide – wobei sich dann dieses System des Verdrängens in sich selbst hält und stabilisiert. Dass das zu einem unheilvollen System werden kann, meistens jedenfalls, liegt auf der Hand, denn es kostet viel Kraft, etwas nicht anschauen zu wollen, zu vermeiden, wegzulaufen, auszuweichen. Es kostet viel Energie, ständig sozusagen die Schranktür zuhalten zu müssen, hinter der man ein Gespenst vermutet. Viel Energie, die in solcher Zeit besser verwendet werden könnte für das bewusste Anschauen, Verarbeiten und Annehmen dessen, was da mit so viel Mühe verdrängt wird.

Das ist das eine. Das andere, und das ist ganz wesentlich, ist der tiefe Sinn von Verdrängungen, den es zu achten gilt und zu respektieren. Das Unterbewusstsein hat eine wunderbare Fähigkeit, uns zu schützen vor dem, was einfach zu viel für uns wäre oder gar unerträglich, zumindest im gegenwärtigen Augenblick noch. Diese Schutzfunktion nimmt es wahr durch heilsames Vergessen. Zeitweise Vergessen jedenfalls. Hier sind also nicht direkt die Erinnerungen oder Einsichten gelöscht: das Wissen ist nach wie vor da, nur eben nicht erreichbar, nicht abrufbar. Es liegt bereit bis zu dem Zeitpunkt, zu dem wir stark genug sind, uns damit auseinander zu setzen, ohne überfordert zu sein, oder seelisch krank zu werden, oder gar daran zu zerbrechen.

Ich habe in meiner Arbeit mit Menschen in Lebenskrisen gelernt, solche Art von Verdrängungen zu achten, und niemals den Versuch zu unternehmen, mit Tricks, mit verbalen Schachzügen oder emotionalen Eingriffen eine Tür zu öffnen, die für einen Menschen wohlweislich (noch) verschlossen ist. Der langsamere Weg ist hier oft der schnellere. Alles hat, wenn wir nicht gewaltsam ins Werden eingreifen, seine Zeit, die Zeit, die der organischen Entwicklung eines Prozesses dienlich ist. Wir können, da wir ja nur von unserem eigenen Erleben, unseren eigenen Erfahrungen ausgehen, nie wirklich beurteilen, was das richtige Maß an klarer Sicht oder an heilsamer Verdrängung für den anderen wäre. Unser Maß ist nur das unsere, es ist nicht übertragbar. So bleibt es ein Suchen und Herantasten.

Immer wieder ist mir dieses schöne altmodische Wort „Demut" vor Augen, wenn es um die Kommunikation mit Schwerkranken und Sterbenden geht. In diesem Bereich nun ist Demut ganz besonders am Platze: Demut vor der Weisheit des Unterbewusstseins, das einen Schwerkranken im rechten Maß zu schützen weiß.

Schwierig ist es natürlich, wenn wir zwischen zwei Menschen geraten, deren rechte Zeit für das Anschauen der Wahrheit stark differiert, wenn also zum Beispiel der Sterbende längst seinen nahen Tod klar vor Augen hat und sich damit auf seine Weise beschäftigt, während seine Ehefrau noch mit allen Mitteln versucht, nicht wahrhaben zu wollen, dass ihr Mann so bald schon gehen wird. Die gegenseitige Nähe, die den beiden so viel Kraft und Wärme geben könnte, ist durch diese Unterschiedlichkeit gestört, und als Außenstehender, der den beiden gleichermaßen wohl will, sind wir hier in einer sehr schwierigen Lage. Oft ist es das Beste – wieder einmal -, nichts zu tun. Nur für beide da zu sein.

Es kann nämlich in solch einer Situation durchaus sein, dass der Schwerkranke seiner Frau zuliebe nie mit ihr über seine Gedanken über Sterben und Tod spricht, dass er ihr also Zeit und Raum zum Wegschauen lässt. Ich habe das schon erlebt, und ich war voller Bewunderung für dieses Maß an liebevoller Einfühlung, mit dem der schwerkranke Ehemann seine eigenen Denkprozesse aus den gemeinsamen Gesprächen aussparte und sich beschränkte auf die Themen, bei denen er seine Ehefrau auf sicherem emotionalem Boden wusste.

So oft mache ich die Erfahrung, dass der, der geht, den anderen einen guten Schritt voraus ist, wie es auch in diesem Fall war, in dieser Liebes-Geschichte, wie ich sie erlebt habe. Es wäre nichts unsinniger gewesen, als wenn ich mich bemüßigt gefühlt hätte, die Frau auf die Seite zu nehmen und mit ihr über das zu sprechen, was sie anzuschauen vermied: den nahen Tod ihres Mannes. Sie hat später, zu der Zeit, die für beide recht war, in das Gespräch mit ihrem Mann hineingefunden, das die beiden auf ihre Weise teilten, in der Sprache, die dieses Paar in Jahrzehnten des gemeinsamen Weges miteinander geschaffen hatte. Und kein Zuspruch, den wer auch immer ihr hätte geben können, wäre tröstender gewesen, als das, was ihr Mann zu ihr sagte.

Das ist nun eine Geschichte, die ganz offenbar gut ausgegangen ist. Es gibt aber auch andere, in denen wir nicht wissen, ob es wirklich noch zum Guten gerät, wenn wir die Verdrängung zulassen. Wenn ein Patient bis zuletzt nicht über das spricht, was ihm offenbar sein müsste.

Wir sollten aber nicht meinen, dass die Schwerstkranken nicht um ihre Situation eigentlich Bescheid wüssten. Sie merken es an so vielem, was sie erleben: Menschen, die sonst immer zu Besuch gekommen waren, bleiben plötzlich weg, andere, die sie seit langer Zeit nicht gesehen haben, wollen mit ihnen sprechen, die Verwandten verhalten sich anders als bisher, auch die Pflegekräfte. Dann ist natürlich auch das, was der Arzt sagt, einer dieser vielen Hinweise, – und wie er es sagt. Die ganze Art der Kommunikation, verbal und nonverbal, verändert sich, vielleicht nicht drastisch, aber doch spürbar. Die Patienten haben also durchaus das Wissen, und sie sind fähig zu entscheiden, ob es für sie erreichbar sein, oder eben im Augenblick noch verdeckt bleiben soll.

Wenn ein Sterbender nicht über das Offensichtliche zu sprechen bereit ist und anscheinend die Wahrheit nicht anschauen will, und uns unser eigenes Hoffen und Wünschen allzu heftig in die Quere kommt, weil wir meinen zu wissen, was für ihn besser wäre, kann es vielleicht hilfreich sein, wenn wir wahrnehmen und entdecken, dass eine Auseinandersetzung mit dem nahen Ende längst stattfindet und sogar lesbar werden kann, nur eben nicht auf der Ebene des gesprochenen Wortes, sondern in Symbolhandlungen, in Chiffren, die wir vielleicht, wenn wir Glück haben, deuten und verstehen können.

Eine Patientin hatte, als ich sie kennen lernte, immer ihre Kittelschürze an. Erst, als sie noch in der Wohnung umher gehen konnte, trug sie sie über Rock und Bluse, dann, als sie zu schwach war, um sich richtig anzuziehen, und viel liegen musste, hatte sie den Schlafanzug an – aber darüber, sobald sie aus dem Bett aufstand, nach wie vor die Kittelschürze.

Sie hat nicht über ihr Sterben gesprochen, nie, mit keinem Wort, keiner Andeutung. In Gesprächen kamen erst viel, viel später ihre Fragen zu Sterben und Tod zu Tage. Aber einige Wochen vorher schon, eines Tages, wollte sie ihre Kittelschürze nicht mehr.

Es ist nicht gar so schwer, zu erraten was diese Kittelschürze bedeutete, und was geschehen war, als sie nicht mehr darauf bestand, sie angezogen zu bekommen. Mir wäre es spätestens von diesem Tag an nicht mehr in den Sinn gekommen zu glauben, sie würde den Gedanken an die Kürze ihrer restlichen Lebenszeit verdrängen.

Für uns bleibt also in solchen Situationen wie so oft nur die eine ganz wichtige Funktion, die wir für einen Menschen, der uns nahe ist, übernehmen können, nämlich die: Nicht zu fragen oder zu analysieren, um ihn dazu zu bringen, die Wahrheit anzuschauen, sondern einfach da zu sein, ihm Mut zu machen durch unsere Nähe, und ihm dabei die Führung und ganz seine eigene zu Zeit lassen.

Eine Zeit zum Niederreißen
und eine Zeit zum Bauen

Vertrauen als Geschenk

Manchmal denke ich, dass Vertrauen die ältere Schwester der Hoffnung sein muss. Und manchmal denke ich, dass Vertrauen die ältere Schwester der Nähe sein muss. Beides – Hoffnung und Nähe – kann ich mir nicht vorstellen ohne Vertrauen.

Gerade in der Sterbebegleitung ist der Boden, auf dem ich selbst in schwierigen Situationen einigermaßen sicher gehe, mein Vertrauen, dass nicht ich die Verantwortung für das Geschehen trage, sondern der, der Schöpfer und Vollender ist.

Vertrauen heißt dabei nicht, dass ich, statt die Verantwortung selbst zu tragen, sie einem anderen abgebe. Ich kann getrost und zuversichtlich das tun, was dran ist, eigenverantwortlich und nach meinem besten Können, aber eben im Bewusstsein, nicht allein zu sein mit allem, was schwierig oder chaotisch oder schmerzlich ist.

Ich habe dabei das Bild vor Augen, wie ein Kind auf einer schmalen Mauer balanciert, und dabei den Finger des Vaters hält, eigentlich ganz leicht nur berührt, als Rückversicherung, dass da jemand ist. Das genügt schon, um sicher über einen Abgrund zu gehen.

Vom ersten Kennenlernen an, wenn ich eine Sterbebegleitung beginne, ist mir genau in diesem Sinn das Vertrauen so wichtig, das ein Sterbender haben kann. Die Vorbereitung auf das Ende des Lebens ist eine so unvergleichlich wichtige, eine so schwierige Zeit, dass sie ohne dieses Element kaum zu bewältigen ist.

Vertrauen meint hier nicht nur das Gottvertrauen, um das ich für jeden bete, der diesen Weg geht. Es ist auch ganz einfach das Vertrauen in die Verlässlichkeit dessen, der Begleiter ist. Der, wie ich meine, manchmal auch stellvertretend da sein kann an der Stelle, an der ein Mensch sein Zutrauen in die Hand Gottes verloren hat, die ihn halten und auffangen kann.

Wenn uns ein Sterbender sein Vertrauen schenkt, ist es tatsächlich das, was dieser Ausdruck sagt: ein Geschenk. Sicher letztlich auch eines für ihn selbst, das er sich damit macht. Vor allem aber für uns, die er als vertrauenswürdig erachtet. Und eines der wenigen Geschenke, zu denen wir selbst beitragen können.

Wenn ich darüber nachdenke, wie das eigentlich geschieht, dass jemand uns Vertrauen entgegenbringt, dann habe ich das Gefühl, ich könnte Vertrauen wohl nicht auslösen, wenn ich nicht selbst welches hätte. Ich könnte die Zuversicht, dass der Sterbende selbst in schlimmen Phasen seines Gehens doch in guter Hut ist, nicht geben, wenn ich sie selbst nicht hätte.

Ich bin darin allerdings ganz gewiss kein unverrückbarer Fels in der Brandung. Es hat für mich oft genug Zeiten von Zweifeln oder Unsicherheit gegeben, und es gibt sie noch. Aber – und das gehört sicher zu den Segnungen des Älterwerdens – ich habe gelernt, diese Wüstenzeiten als wichtige Strecken auf meinem Lebensweg anzunehmen.

Wenn ich dann gerade mitsamt meiner Unsicherheit zu einem Menschen gehe, den ich zu seinem Ende begleite, tut mir der Gedanke an diejenigen gut, die ähnliche Dunkelheiten erlebt haben, und die uns sogar als Heilige zum Vorbild geworden sind, mit allen ihren Umwegen und Sackgassen und Zweifeln. Sie sind dann die Quelle für ein Trotzdem-Vertrauen, das mich durch solche Strecken trägt. Sie und die Menschen in meiner Umgebung, von denen ich Ähnliches weiß.

Einmal habe ich eben aus einer Situation der eigenen Verunsicherung heraus mit einer Patientin gerade das teilen können, womit sie selbst in dieser Zeit rang. Als ein unwandelbares Vorbild an Vertrauen und Sicherheit – das ich vermutlich nie sein werde – hätte ich ihr vielleicht ohnehin keine glaubwürdige Begleiterin auf dieser Wegstrecke sein können.

Um etwas für das Geschenk der Vertrauens-Würdigkeit zu tun, gehören diese Gedanken sicher dazu. Aber auch sehr einfache Dinge, wie eben eine Verlässlichkeit, auf die ein Sterbender, den wir begleiten, bauen kann. Die Tatsache, dass wir immer um vier Uhr da waren, wenn wir gesagt haben, wir würden um vier Uhr kommen, und dass wir das Telefon an unser Bett gestellt haben, wenn wir nach Haus gegangen sind und sagten, wir seien im Notfall erreichbar. Die Treue, mit der wir kleine Aufträge erledigen, um die wir gebeten wurden, die Wahrhaftigkeit, mit der wir dem Sterbenden begegnen, ohne uns herauszureden, wenn es an schwierige Themen geht, ohne unsere Gefühle zu unterdrücken oder zu verbergen, und die Verschwiegenheit, wenn uns Dinge anvertraut werden, die nur für unsere Ohren bestimmt sind.

Das Einfache und das Alltägliche sind die Elemente, aus denen Vertrauen aufgebaut ist. Vertrauen, das Nähe erst möglich macht zwischen uns und dem, den wir begleiten, Vertrauen, das für ihn eine Rückversicherung sein kann, sodass er den Weg, der so unabsehbar ins Ungewisse zu führen scheint, mit mehr Ruhe und Zuversicht zu gehen wagt.

Dann kann er vielleicht auch vertrauensvoll das annehmen, was ich mich selbst sagen hörte, ohne vorher darüber nachgedacht zu haben: „Sie sind in guter Hut." Zwei mal in den letzten Jahren habe ich mich diesen Satz sagen gehört, und in beiden Fällen war es die Wahrheit. Ich wusste es, und die Patienten wussten es – eigentlich – auch. Es bedurfte nur noch dieser kleinen Vergewisserung, um sie in das Vertrauen zurückzubergen, in dem sie dann ganz getrost weitergingen.

Diese Seite des Vertrauens nährt eine Sehnsucht, die wir alle haben, die Sehnsucht nach Geborgenheit, einer Geborgenheit, die das Gefühl des Urvertrauens widerspiegelt. Eine andere Seite des Vertrauens, die mehr noch mit dem Begriff der Hoffnung zusammenhängt, richtet sich auf den Lebenssinn, selbst auf diesen letzten Schritten vor dem Tod, auch noch im Leiden.

Dass wir immer einen einmaligen und einzigartigen Weg gehen, auf dem wir zur Verwirklichung der eigensten Möglichkeiten gelangen können, mit Aufgaben, die nur wir erfüllen können und sollen, ist sicher in Zeiten von Schmerzen und Krankheit und Hilfsbedürftigkeit nicht so leicht vorstellbar. Aber wenn ich nachdenke über die Chance, ein Leben gerade im Leid noch sinnerfüllt zu beenden, dann habe ich gleich auch die Menschen vor Augen, die ihr Leid auf eine Weise gestaltet haben, dass sie Vorbild, Leitbild geworden sind nicht nur für mich, sondern für fast alle, die um sie waren.

Ich habe die Photographie eines Patienten, den ich vor Jahren bis zu seinem Ende begleitet habe, in meinem Schreibtisch, um mich an ihm – und an seiner Art, mit Schwerem und Schmerzhaftem umzugehen, zu orientieren und zu halten. Ich habe das Bild einer Frau, die ich bis zu ihrem Tod begleitet habe, vor meinem inneren Auge, sobald ich mein eigenes Scheitern spüre und versucht bin, aufzugeben, denn sie hat mir in den Wochen ihres Lebens auf unvergessliche Weise vorgelebt, wie aus dem Scheitern noch durch eine dankbare Sicht auf den Reichtum, der daneben gewachsen war, kein selbstbemitleidender Offenbarungseid werden muss.

Und beide haben mir Vertrauen geschenkt: Vertrauen darauf, dass selbst auf Wegstrecken, die unumkehrbar in Abschied und Ende führen, eine Chance für einen Lebenssinn besteht, den wir selbst auch aktiv mitgestalten können.

Wenn wir Menschen durch Zeiten der Unsicherheit begleiten, ist es hilfreich, diese Möglichkeiten für Vertrauen und Zuversicht in seinen vielfältigsten Dimensionen und Facetten vor Augen zu haben, mit all den Erfahrungen, die uns darin in der Vergangenheit gestützt haben. Ich selbst finde Zugang zu meiner Zuversicht auch, wenn ich mich ganz ins Staunen über Gottes Schöpfung begebe, und dabei weit hinausgeführt werde über all meine Versuche zu verstehen. Was Leben ist, weiß kein Mensch, nur Gott allein, der es geschaffen hat. Und dass es Leben gibt, dass ich lebe, und dann auch: dass ich sterblich bin, dass da eine andere Dimension ist, die für mich jetzt noch nicht erreichbar, kaum erahnbar ist, empfinde ich nicht als verunsichernd, sondern im Gegenteil: Es schenkt mir Vertrauen. Und ich bin eigentlich ganz zufrieden, dass ich das nicht erklären kann, denn so kann ich es vielleicht auf eine Weise weitergeben, die ein Angebot bleibt, ganz offen und ohne Erwartungen.

Die Quellen des Vertrauens werden für Sie vielleicht ganz andere sein. Wichtig ist es nur, wie mir scheint, dass wir sie uns immer wieder bewusst machen und spüren, wie groß das Geschenk ist, nicht allein gehen zu müssen auf dem Weg mit Sterbenden.

Eine Zeit zum Weinen
und eine Zeit zum Lachen

Die Sprache des Körpers

Es gibt Zeiten, in denen Sterbende von einer großen Unruhe beherrscht werden, einer Rastlosigkeit, die sich vor allem physisch ausdrückt: die Hände greifen ins Leere oder zupfen an der Bettdecke, die Füße setzen sich in Bewegung wie zum Aufbruch. Es kann sein, dass der Körper immer wieder zusammenzuckt, ja, dass der Patient trotz aller Schwäche und Hinfälligkeit versucht, aufzustehen.

Diese große Unruhe ist meist für den Patienten selbst äußerst unangenehm, er scheint sie zu empfinden, als mache sich sein Körper, seine Muskeln, seine Motorik selbständig. Und wenn er versucht, dagegen anzugehen, wird es nur noch schlimmer.

Die meisten von uns kennen ja selbst dieses Phänomen, das kurz vor dem Einschlafen eintreten kann: Wir zucken zusammen, erschrecken darüber, und kurz darauf schon sind wir in tiefen Schlaf gefallen. Vielleicht ist es tatsächlich so etwas wie ein erschrecktes Zusammenzucken vor dem Fallen, wenn unsere Muskeln loslassen.

Gerade über dieses Gefühl habe ich einmal laut nachgedacht, als eine Patientin unter eben dieser unkontrollierbaren Unruhe, diesem Zucken litt. Ich sagte: „Das ist jetzt gerade so wie kurz vor dem Einschlafen, wenn die Muskeln alle sich entspannen ..." und die Patientin war beruhigt dadurch, dass das Störende so eingeordnet, so erklärt werden kann. Ihre Anspannung ließ nach, die Ängste, die durch dieses Sich-Selbständig-Machen des Körpers verursacht waren, verschwanden. Dass wir eine verständliche Bedeutung, einen Sinn in dem Geschehen gefunden hatten, veränderte alles zum Guten – oder zumindest zum Besseren.

Wichtig ist es für den Begleitenden, eben nicht zu versuchen, die Unruhe zu bekämpfen, sondern sie verstehend aufzugreifen, widerzuspiegeln und, wenn möglich, einzuordnen in einen sinnvollen Zusammenhang.

Manchmal kann dies auch ein guter Einstieg sein für ein Gespräch über das Sterben, ein Gespräch, das sozusagen vom Körper initiiert und eingeleitet wurde. So können wir vorsichtig fragend versuchen, einen Gedankenschritt zu beginnen, indem wir sagen: „Ihr ganzer Körper scheint schon im Aufbruch zu sein ...?" und warten, ob der Patient diesen Anfang eines Gedankenganges aufnimmt und weiterführt. Dabei haben wir ihm auf diese Weise, weil wir ja nichts selbst hineininterpretiert haben, weiter genügend Raum gelassen für einen möglichen Rückzug, fürs Stehenbleiben oder Weitergehen in der Annäherung an Gedankengänge zum Sterben.

Überhaupt kann es wohltuend für den Patienten sein, wenn wir das, was geschieht, gut beobachten und es einfach im Gespräch aufnehmen, ohne es zu beurteilen oder zu bewerten, indem wir zum Beispiel sagen: „Ihre Hände scheinen voller Unruhe, scheinen etwas zu suchen ...", oder „...etwas wegwischen zu wollen", oder „... gegen etwas andrücken zu wollen", und „Haben Sie eine Vorstellung, was das sein könnte?"

Und, wie immer, sollten wir darauf gefasst sein, dass da gar keine Antwort kommt, oder eine ganz überraschende, oder eine, die ins Gespräch führt, oder dass lediglich die Sprache des Körpers deutlicher lesbar zu werden beginnt.

Einen sehr zurückhaltenden Versuch ist es allemal wert, hier nachzuspüren in des Wortes buchstäblicher Bedeutung: sich also für einen Moment hineinzuversetzen in einen Bewegungsablauf, indem wir uns vorstellen, wie es sich für uns anfühlen würde, wenn wir es wären, die ihn ausführen, immer und immer wieder, über lange Zeiten, so wie manche Bewegungen ja bei Patienten fast zu Stereotypen werden. Wir können uns im Spüren fragen: Was sagen diese Hände, und was drückt der Körper aus, wenn er sich von uns abwendet, sich uns zuwendet, sich streckt oder zusammenzieht? Sicher können sich darin auch Schmerzen ausdrücken oder eine Unbequemlichkeit in der Lagerung oder hygienische Probleme. Aber das ist eben nicht die einzige Ebene, auf der wir den Körper eines Patienten wahrnehmen, ihm „zuhören" können.

Eine Patientin war in den letzten Wochen vor ihrem Tod zeitweise verwirrt. Sie war sich dessen bewusst und litt darunter, dass sie manchmal desorientiert war. In solch einer Zeit sprach sie nichts, war nur voll leiser Unruhe, und einmal zog sie sich in eine gekrümmte Embryo-Haltung zusammen. Ich hatte den Eindruck, als liege darin eine Sehnsucht nach Geborgenheit oder Sicherheit. Deshalb fragte ich sie: „Ist es Ihnen recht, wenn ich Sie eine Weile halte?" Als sie darauf nicht antwortete, versuchte ich, aus ihrer körperlichen Reaktion herauszulesen, ob ich mit meinem Angebot willkommen war. Sie schien in etwas innezuhalten, hielt auch den Atem ein, zwei Mal kurz an, – erwartungsvoll? Ich traute mich also, sie vorsichtig in den Arm zu nehmen, indem ich mich an ihre in sich gekrümmte Haltung anpasste, spürte dabei auch, dass sich ihr Körper mir entgegenwölbte, und dass sie ruhig wurde. Jetzt war ich auch sicher, dass ich ihr gut tat. Ich merkte, wie ich fast von selbst ihren Atemrhythmus aufnahm, und wir blieben eine recht lange Zeit so und fühlten uns ein in die Ruhe und den Schutz, den wir beide als wohltuend empfanden.

Natürlich war das nicht immer und in jeder Situation ein Allheilmittel gegen ihre Verwirrtheit. Aber in diesem Moment war es das Richtige. Es war wie ein Austausch, ein heilsames Gespräch, das wir auf ganz eigene Weise zusammen geführt hatten, eben nur in unserer Körpersprache.

Um diese Sprache besser zu verstehen, brauchen wir vielleicht am ehesten so etwas wie Selbstvergessenheit, als wenn wir uns eben nicht um ein Verstehen bemühen müssten, sondern es ganz unbefangen einfach voraussetzten. Das kann so ähnlich gehen wie beim Versuch, unleserliche Briefe zu entziffern: Wenn ich Buchstaben für Buchstaben analysiere, komme ich nicht weit, eher noch, wenn ich einfach so tue, als könne ich diese Schrift ganz selbstverständlich lesen. Ich glaube, die Bereitschaft, hinzuspüren, mich einzulassen, und dazu unbefangen und entspannt zu bleiben, hilft, die Körpersprache selbst in kleinen Nuancen zu verstehen. So gut wenigstens, wie ich sie im Sinn dessen verstehen darf, den ich da zu „lesen" versuche. Denn ich bewahre auch dabei immer die Achtung vor dem, was Geheimnis bleiben und vor dem, was eben nicht gesagt werden soll.

Eine Zeit zum Weinen
und eine Zeit zum Lachen

Fröhlichkeit – dennoch

Als er gerade buchstäblich eine Handvoll Tabletten hinunterschluckte, den Kopf nach oben gereckt, damit es auch rutschte, ging ein Grinsen über das Gesicht meines Patienten. „Wie ein Vogel, stimmt's?" sagte er. Er nahm gleich noch einen Schluck Wasser, reckte wieder den Hals, den Blick zur Decke gerichtet, diesmal fast übertrieben, und schloss im Moment des Schluckens genüsslich die Augen. Wie ein kleiner Vogel. Schluck für Schluck. Ich musste lachen, es sah lustig aus. Nach dem vierten Schluck verschluckte er sich dann vor lauter Lachen und prustete das Wasser übers Bett. Ich bekam auch was ab. Und wir lachten und lachten und hatten unseren Spaß an dieser überraschend vergnüglichen Situation.

Ein Schwerkranker, ein Mensch, der auf sein Sterben zuging, und ich, die ich ihn auf der letzten Wegstrecke begleitete. Da erwartet man nicht unbedingt Fröhlichkeit und Lachen. Aber wir hatten viel Spaß. Nicht nur an diesem Tag. Ich genoss seinen trockenen Humor, mit dem er vor allem Ärgerliches und Widrigkeiten kommentierte. Und ich höre ihn noch heute in Gedanken oft genug, wenn ich über die Situation alter und kranker Menschen in unserer Zeit nachdenke: „Früher sind die Leute gesünder gestorben" sagte er. Und die zweifelhafte Wahrheit, die sich dahinter verbirgt, war durch die Absurdität dieses Satzes abgefedert.

Lachen, Heiterkeit und Spaß. Wie oft sagen die Menschen, wenn sie erfahren, dass ich in der Sterbebegleitung arbeite: „Das hält doch niemand aus, immer nur Schweres und Trauer und Leid!" Ich habe dann immer Schwierigkeiten zu erklären, wie das Leben doch bis zuletzt alle Elemente behält, die es vorher schon ausmachten. Auch die Freude und die Fröhlichkeit.

Wir müssen auf dem Weg mit Sterbenden die Leichtigkeit durchaus nicht verlieren, die über weite Strecken das Gehen mühelos und beschwingt werden lässt.

Das ist so ähnlich wie eine körperliche Erfahrung: Wenn wir uns einen steilen, unwegsamen Hang hinaufkämpfen, scheint jeder Schritt mühsam, und unsere Füße werden schwer und schwerer, solange wir den Blick nach unten richten. Sobald wir uns aber aufrichten und den Blick öffnen, werden seltsamerweise die Füße leicht, die Weite der bunten Landschaft scheint uns weiterzutragen. Obschon unser Körpergewicht sich nicht verändert hat und auch der Berg nicht flacher geworden ist, hat das Schwere keine Macht mehr über uns.

Ich erinnere mich, wie sprachlos verblüfft ich war, als ich an einem grauen Februar-Morgen ins Krankenhaus zu meiner Patientin kam, und ihr Infusionsständer war mit einem Bündel Luftschlangen dekoriert. Blau, gelb, rot, grün, quietschrosa. Fastnacht in Mainz. Helau! Ein Gegenstand ist das, wozu wir ihn machen. Er kann hilfreiches Pflegemittel sein oder Symbol für unheilbare Krankheit, oder Ärgernis, weil er die Bewegungsfreiheit einschränkt oder eben der ideale Platz für Luftschlangen.

Angesichts dieser unverhofft bunten Ecke am Krankenbett habe ich wie kaum je vorher begriffen, dass wir eigentlich immer Freiraum haben, unser Leben zu gestalten. Wir sind nicht unsere Krankheit, selbst wenn es eine Krankheit zum Tode ist, sondern wir haben die Krankheit. Nicht sie hat uns, wir haben sie. Und wir bleiben wir selbst mitsamt unserer ganzen Persönlichkeit, unserer Fähigkeit, uns über die Situation zu erheben – vielleicht in feinsinnig-geistiger Weise, aber eben auch mit dieser wunderbaren menschlichen Fähigkeit: dem Sinn für Humor. Meine Patientin hat an diesem Vormittag ihre Erinnerungen an viele Fastnachts-Umzüge und Kostümbälle mit mir geteilt, an Zeiten der Verliebtheit und der Geheimnisse, an Büttenreden und Schabernack. Wir haben zusammen viel Spaß gehabt, und als ich das Krankenhaus verließ, war der Morgen noch genauso grau, aber ich sah jetzt außerdem noch all die bunten Extras, die ich zwei Stunden davor nicht bemerkt hatte. Und vor meinem inneren Auge war meine Patientin: die Leidende, die Verzweifelte, die Geduldige, die Ungeduldige, die Dankbare, die tief Gläubige, die Lachende. Ich sah sie nicht in ihrem Sterben, sondern in ihrem Leben. Jetzt. Und auch in den nächsten Wochen, in denen es wahrhaft wenig mehr zum Lachen gab, wusste ich, dass ich immer noch mit diesem Teil ihrer Persönlichkeit zu rechnen hatte, in dem die Bereitschaft zur Fröhlichkeit aufflammte, und mit ihrem Humor, der sie fähig machte, immer wieder ein Stück von ihrem Leiden abzurücken.

Heiterkeit und Lachen mit Sterbenden zu teilen, ist für mich nicht mehr überraschend, sondern gehört so selbstverständlich zur Wegbegleitung wie alles andere.

Dass ich damit allerdings nicht meine, es sei angeraten, mit dieser „Frischauf, wie sind wir doch so fröhlich-Haltung" einen Patienten zu überfallen, versteht sich von selbst.

Eine Zeit für die Klage
und eine Zeit für den Tanz

Gut meinen oder besser wissen?

Wie oft entwickelt sich eine Krise voller Spannungen und Missverständnisse zwischen den Angehörigen und dem Schwerstkranken
in Situationen, die Tag für Tag auftreten und sich an nichts weiter
entzünden als dem Wunsch des Patienten, nicht mehr essen zu müssen, und der Besorgnis derer, die um ihn sind: „Wir können ihn doch
nicht verhungern lassen!" Oder manchmal auch nur: „Das wenigstens musst du noch essen, das tut dir gut, das gibt Kraft. Und ich
habe es doch mit so viel Liebe zubereitet!"

Wenn wir uns in den Kranken hineinversetzen, können wir das
Dilemma spüren, in das er auf diese Weise gerät. Einerseits muss er
für die Betreuung, die Pflege, die Zuwendung und Geduld dankbar
sein, die ihm täglich zukommt. Und natürlich ist er dankbar. Aber
andererseits hat er ein sicheres Gespür für alles, was ihm gut tut auf
seinem Weg, was förderlich ist, was ihm hilft, leichter zu gehen, und
für das, was hindert, was Zeitverlust bedeutet und Ballast, was es
ihm noch schwerer macht als es ohnehin schon ist. Wie soll er das
nun erklären, wie soll er sich gegen die verteidigen und durchsetzen,
die es so „schrecklich gut" mit ihm meinen? Der moralische Druck,
der dazu kommt, eben dieses „Ich habe mir doch extra für dich so
viel Mühe gegeben ..." macht die Situation vollends ungemütlich
und lässt ihn, wenn er sich zur Wehr setzt, nörgelig oder undankbar
erscheinen. Und das fühlt sich für ihn scheußlich an.

Der Versuch, den Sterbenden noch so viel als möglich zu verwöhnen, geht leider oft in die falsche Richtung, denn er zielt in die
Hoffnung, dass noch Besserung oder gar Heilung möglich sein muss,
und dem Wunsch, dazu vielleicht doch noch etwas beitragen zu können. Dahinter steht die eigene Angst, sich in die Endgültigkeit des

Sterbeprozesses fügen zu müssen. Was dabei herauskommt, ist zu allem Schweren noch eine weitere Krise, die nicht nötig wäre. Oder zumindest eine höchst verdrießliche Situation für alle Beteiligten.

Fast eben so häufig geschieht es, dass ein Patient noch Verlangen hat nach einem ganz bestimmten Lieblingsgericht, dass er noch einmal einen ganz bestimmten Geschmack auf der Zunge spüren möchte und gesagt bekommt: „Das darfst du doch nicht essen, das bekommt dir nicht, das belastet deine Leber unnötig!"

Vieles ist aber wichtiger: all die anderen Bereiche und Ebenen, nicht nur die körperlichen. Das ist nicht immer selbstverständlich, denn wir haben ja manchmal wochen- und monatelang gelernt, alle physischen Symptome zu beachten, um alles möglich zu machen, was den Körper entspannen könnte und entlasten, was wohltuend wirkt und schmerzlindernd.

Aber nun kann plötzlich etwas anderes vorrangig sein: Erinnerungen an Zeiten des Genießens, oder die Hinwendung zu alten, geliebten Gewohnheiten und Eigenheiten. Wir aber begreifen erst langsam, dass das alles zwar nicht einsichtig und nicht vernünftig scheint, aber doch heilsam sein kann für diesen Menschen.

Wenn ich den Satz höre: „Wir wollen doch nur dein Bestes" oder mich dabei erwische, dass ich ihn selbst sage, werde ich inzwischen hellhörig. Dahinter kann nämlich stehen, dass wir – gegen den Wunsch dessen, den wir betreuen –, etwas durchzusetzen versuchen, was wir meinen besser zu wissen als er.

Und wiederum: Eigentlich immer und in fast allem ist doch der Sterbende uns in seinem Wissen einen Schritt voraus. So sicher wir also normalerweise von unserem Instinkt geleitet werden, wenn es darum geht, das Rechte zu tun in solch einer schweren Zeit, so bereitwillig können wir ihm jetzt oft genug die Führung überlassen. Er ist es, der seinen Weg geht. Wir begleiten ihn. Die Führung sollte er behalten auch und gerade in solch alltäglichen, banalen Situationen wie dann, wenn es ums Essen geht oder um die Frage: „Soll das Fenster offen bleiben, obwohl es zieht?" Oder: „Sollte er nicht jetzt mitten in der Nacht besser schlafen, statt aufrecht im Bett zu sitzen und sich mit belastenden Gedanken und Erinnerungen auseinander zu setzen?" und dazu halten wir womöglich bereits die Beruhigungstablette parat. Oder: „Müssen wir ihm nicht seinen Wunsch ausreden, jetzt noch in das Dorf seiner Kindheit zu reisen?"

Seine Zeit ist seine Zeit. Nicht die unsere. Und dass wir ihn auf jede Weise unterstützen in dem, womit er sie füllen möchte, bleibt auf dem gesamten Weg unsere wichtigste Aufgabe. Wenn wir das als oberstes Prinzip behalten, fällt es uns auch viel leichter, den Kampf um sein „gesundes" Essen aufzugeben oder um die vernünftige Lebensweise. Wir können vielleicht auch mit denjenigen, die es noch so fürchterlich gut meinen in ihren Hilfsaktionen, diese Einsicht teilen: Wenn wir es wirklich gut mit dem Sterbenden meinen, bleiben wir auf seiner Seite – auch manchmal gegen unser „Gut meinen und Besser wissen".

Wichtig ist, dass in einer guten Beziehung darüber hinaus auch Raum und Verständnis bleibt, über das zu sprechen, was es den Beteiligten schwer macht, Zeit also auch für das Klagen, sodass die Angehörigen den Patienten verstehen, der sich bedrängt und von zu großer Fürsorge erdrückt fühlt, und er seinerseits aus den Klagen der Angehörigen nicht nur ihre Ängste heraushört, sondern vor allem ihre Liebe, die sich in solcher Besorgnis ausdrückt.

Eine Zeit für die Klage
und eine Zeit für den Tanz

Wohlgefühl mit allen Sinnen

„Ich sehe einfach schrecklich aus", sagte eine Patientin kurz nach unserer Begrüßung, „wenn ich mir wenigstens mal die Haare waschen und föhnen könnte ..."

Sie hatte immer schon einen ausgeprägten Schönheitssinn gehabt, das sah man ihrer mit viel Geschmack eingerichteten Wohnung an, das war aber auch auf all den Fotos aus früheren Zeiten zu sehen: Wie gepflegt und elegant gekleidet sie gewesen war! Und jetzt? Natürlich hatten die Schwestern vom Pflegedienst ihr morgens nicht nur ihre Medikamente gegeben, sondern sie auch frisch gewaschen, von Kopf bis Fuß, hatten auch die trockene und brüchige Haut eingecremt. Aber für mehr war einfach keine Zeit.

Sie nahm ihren kleinen Spiegel, schaute kurz hinein und legte ihn dann gleich wieder weg. Sie sah älter aus als ihre dreiundfünfzig Jahre. Ihr Gesicht war im Lauf der Krankheit klein und spitz und blass geworden, die Brille schien zu groß, und die Frisur, die bei der Morgentoilette entstanden war, als die Schwester ihr die kurzen Haare einfach aus dem Gesicht gekämmt hatte, ließ sie fremd aussehen.

Ich wusste, wie schwach sie war, wie schwer ihr selbst die wenigen Schritte bis ins Bad fielen, aber ich fasste meinen Mut zusammen und fragte: „Meinen Sie, wir schaffen es irgendwie, dass ich Ihnen die Haare wasche? Ich könnte ja einen Stuhl vor das Waschbecken stellen und es Ihnen so bequem machen wie es halt geht ..."
Ihre Reaktion war zögerlich: „Wir können es ja versuchen ..." sagte sie. Aber schon als sie begann, mir Anweisungen zu geben, damit ich auch das richtige Shampoo finde, und den Haarfestiger, und die Lockenwickler, war sie viel lebhafter geworden als ich sie in den letzten Tagen erlebt hatte. Ich hatte zwar immer noch ein wenig Herzklopfen, ob ich uns da nicht in ein Abenteuer hineingeredet

hatte, das zu mühevoll werden könnte, aber wenn es ihr zu viel würde, könnte ich sie ja gleich wieder ins Bett bringen.

Die nächste reichliche halbe Stunde war für uns beide anstrengend – und spannend. Allein die liebevolle und konzentrierte Hinwendung auf ihr Äußeres schien ihr schon gut zu tun. Und das Ergebnis machte uns durchaus zufrieden. Ich hatte den Eindruck, als habe mir ein geheimer Friseur die Hände geführt, denn ich war selbst verblüfft, wie duftig und weich jetzt das Gesicht umrahmt war, es wirkte nicht mehr klein und angestrengt, sondern eher zart und ein wenig ätherisch. Und hübsch.

Als sie dann, erschöpft und ein bisschen stolz, wieder wohlversorgt im Bett lag und ich mich zu ihr setzte, nahm sie noch einmal ihren kleinen Spiegel und schaute hinein. Als sie ihn schließlich weglegte, sagte sie nach einer langen Pause: „Jetzt bin ich wieder ich. – Komisch, jetzt denkt sich's auch leichter." Sie lächelte über diese Entdeckung und schloss die Augen. Und mir kam ein Satzende in den Sinn, dessen Anfang ich nicht einmal weiß: „... damit sich die Seele im Körper wohlfühlen kann."

Immer wieder gab es ähnliche Situationen. So erzählte ich einer Patientin, die im Krankenhaus lag und immer nur vor sich hinschaute, zu schwach zum Lesen oder Fernsehen, wie ich vor vielen Jahren ausgerechnet im schönsten Sommer wegen einer Operation zwei Wochen im Hospital gelegen hatte, und mir von meiner Freundin Nagellack bringen ließ – so knallrot wie möglich. Und wie meine Fingernägel dann mit zehn vergnüglichen Farbtupfern das brav-sterile Krankenhaus-Weiß unterbrachen. „Subversiv!"

Sie schaute auf ihre Hände, dann schaute sie mich an, und meinte „Knallrot nicht, aber Koralle, das wäre schön." – Ich hatte ihr nicht direkt vorgeschlagen, sie könne sich doch auch etwas gönnen, was über die Standard-Pflege hier hinausging, doch offenbar hatte sie meine Geschichte gleich als Anregung umgesetzt. Und als ich ihr dann am nächsten Tag ihre Nägel manikürte, mit allem Drum und Dran, und mit korallenrotem Lack, und die Fußnägel gleich mit, veränderte das sichtbar nicht nur ihr Äußeres, sondern auch ihr Verhältnis zu sich selbst. Sie war nicht mehr nur die zu Pflegende, die Leidende, die Behandlungsbedürftige. Sie war die, die sich selbst und ihre Besucher noch überraschen konnte, schon allein durch die selbstbewusste Heiterkeit, mit der sie antwortete: „Ja, sicher, ich weiß." wenn jemand sagte: „Sie haben so schöne, gepflegte Hände!"

Es sind natürlich nicht nur die Frauen, denen es wohl tut, wenn sie als Schwerkranke noch soweit es geht auf ein gepflegtes Äußeres achten können. Einer meiner Patienten zum Beispiel genoss es, wenn ich ihm den Kopf mit seinem Lieblings-Haarwasser massierte. Die Massage tat ihm wohl, natürlich, das auch. Aber wichtig war ihm vor allem dieser herbe, frische Duft, der doch immer zu ihm gehört hatte über all die Jahre. Und dann bat er mich noch, zwei Pyjamas für ihn zu kaufen in seiner Lieblingsfarbe: Goldbraun. Die waren gar nicht leicht aufzutreiben, aber als er sie anprobierte, war da wieder dieser Kommentar: „Jetzt bin ich doch wenigstens wieder einigermaßen ich selber!"

Äußerlichkeiten? Vielleicht auf den ersten Blick schon, aber dahinter geht es um Begriffe wie Würde und Selbstbild und damit auch um Vorbedingungen, die ungemein hilfreich sind, damit ein Mensch diese schwierige letzte Wegstrecke gehen kann im Bewusstsein, geachtet und beachtet zu sein über diesen einen Zusammenhang, die tödliche Krankheit, hinaus.

Gepflegt zu sein hat viel mit Selbstverständnis, Selbstbewusstsein und letztlich mit der eigenen Identität zu tun und damit, dass ein Schwerstkranker sich nicht nur aus dem definieren möchte, worauf er Tag für Tag angesprochen wird, beginnend mit dem teilnahmsvollen „Wie geht es Ihnen denn heute?" – womit er eben zunächst und vor allem als der Pflegebedürftige abgestempelt ist, er, um den sich alle Sorgen machen, er, den alle nur noch im Zusammenhang mit seiner Krankheit wahrzunehmen scheinen.

Dabei kennen wir das doch selbst aus Erfahrung: Wenn wir ein Tief haben, oder mit Zahnschmerzen herumlaufen, oder auch nur an einer beginnenden Erkältung herumlaborieren, und wir werden darauf angesprochen: „Du siehst so schlecht aus, dir geht's nicht gut, oder?" Dann geht es uns gleich noch ein bisschen schlechter, und alles, was wir eigentlich mit dem anderen teilen und austauschen wollten, bekommt einen Grauschleier, bevor wir noch zu reden anfangen.

Natürlich soll das alles nicht heißen, wir sollten versuchen, die Krankheit wegzuschminken, damit man sie nicht so sieht. Das sicher nicht. Nur: Es gibt so vieles, was wir tun können, damit sich die Seele im Körper eines Schwerstkranken wohlfühlen kann. Einerseits eben vieles, was dazu beiträgt, dass er nicht zu allem auch noch mit einem geknickten Selbstwertgefühl ringen muss, zum anderen zählen da aber auch all die Möglichkeiten hinzu, wie jemand bis zuletzt noch genussreich all seine Sinne erfahren kann, und die können wir uns kaum je genug durchbuchstabieren:

Für den Geschmackssinn stehen vielleicht an erster Stelle die Lieblingsgerichte oder das, was er sich gerade an diesem Tag wünscht, weil ihm der Sinn danach steht. Oft spielt dabei auch die Erinnerung eine Rolle, eine Situation, die ihm ins Gedächtnis kommt und die er durch eine ganz bestimmte Speise aufleben lassen kann, eine Mahlzeit, die genauso zusammengestellt ist wie damals, in einer Zeit von Genuss und Freude.

Wir können auch einmal vorschlagen, etwas Exotisches, Exzentrisches zum Essen mitzubringen, so dass er auf diesem Feld der Sinne in der letzten Lebenszeit noch Neues, Überraschendes erlebt. Das müssen keine riesigen, kostspieligen Menüs sein. Es kann schon reichen, wenn Sie auf dem Markt eine Frucht entdecken, die selbst Sie noch nicht probiert haben, oder im Feinkostgeschäft eine Sauce, die schon vom Namen und von der Zusammenstellung der Zutaten her vielversprechend klingt. Und dann kann es besonders schön sein, wenn Sie diese kleinen Geschmacks-Abenteuer miteinander teilen, denn zum genussvollen Essen gehört doch eigentlich auch die Tisch-Gemeinschaft.

Wiederum ist es klar, dass wir die Grenzen bei solchen Angeboten beachten, die die Krankheit des Patienten setzt. Aber selbst wenn er nur noch schwer schlucken kann, oder gar nicht mehr, ist das noch kein Grund, ihm nicht doch, wenn er bereit dazu ist und es ihm Freude macht, die Gelegenheit zum Kosten und Schmecken zu geben. Mit ein wenig Kreativität lässt sich das meistens doch irgendwie bewerkstelligen.

Und die Nase möchte auch verwöhnt sein. Jeder von uns hat – wenn wir uns an angenehme Erfahrungen erinnern – auch den dazu gehörigen Geruch, einen ganz speziellen Duft gespeichert. Das ist so individuell wie unsere Lebensgeschichten, deshalb kann allein schon ein Gespräch über Düfte und Wohlgerüche diesen Sinn wieder wekken und ihm Raum geben. Wir können gemeinsam in Erinnerungen an vergnügliche Ferien auch im warmen Duft von frischem Heu schwelgen, oder dem der Herbstfeuer oder an die kalte, frische Kieferwaldluft hoch in den Bergen. Aber auch der spezielle Duft eines Menschen, der einem lieb und vertraut war, ist wichtig: „Die Frau, die mich aufgehoben und getröstet hat, wenn ich als Kind auf die Nase gefallen war, hat immer so nach einer Mischung aus Kuhstall und Lavendel gerochen!" und „Mein Großvater hat mich an der Hand genommen und mir seine Werkstatt gezeigt. Er hat immer nach Holzspänen gerochen, und ein bisschen nach Zigarren ..."

Wir können denen, die wir begleiten, auch vorschlagen, dass wir ihr Lieblingsparfum besorgen oder eine Auswahl von Duft-Ölen mitbringen, aus der wir dann jeweils dasjenige auswählen, das im Moment der Favorit ist. Da gibt es Öle, die erfrischen, andere beruhigen, manche erleichtern das Durchatmen, wieder andere neutralisieren einfach den dumpfen Geruch eines Krankenzimmers, wieder andere regen an. Und dazu kommt noch, dass diese kleinen Duftlampen einfach hübsch anzuschauen sind. Womit wir beim nächsten Sinn angelangt wären.

Was wir dazu beitragen können, die Augen eines Patienten zu erfreuen, ist wiederum so vielfältig und so speziell wie die Menschen, die wir begleiten, so vielfältig wie die Vorlieben, die im Lauf ihres Lebens zu einem Teil ihrer selbst geworden sind.

Im übernächsten Kapitel (Seite 81) will ich noch besonders auf die Umgebung eingehen, die wir versuchen können so zu gestalten, dass sie eben nicht nur praktisch und hygienisch ist, sondern dem Patienten entspricht, sodass sich auch seine Seele darin wohl und zu Hause fühlen kann.

Dazu kommen aber noch viele andere Dinge. Auch das, was ich selbst anziehe, wenn ich einen Patienten, eine Patientin besuche, ist nicht gleichgültig. Wenn da einmal ein Satz fällt wie: „Es ist schön, wenn jemand hier herein kommt in so frischen Farben!" werde ich sicher darauf achten, nicht in Grau oder Schwarz aufzutauchen. Wenn ich weiß, welches die Lieblingsblume einer Patientin ist, kann ich – wenn es nicht etwas zu Ausgefallenes ist – genau diese das nächste Mal mitbringen. Eine meiner ersten Patientinnen kommt mir immer vor Augen, wenn ich Rosen in einer speziellen Lachsfarbe sehe. Sie hat sie so gern gemocht, und ich habe immer dafür gesorgt, dass eine in der Vase stand – im Blickfeld, also nicht auf dem Nachttisch. Bei ihrer Beerdigung habe ich solch eine lachsfarbene Rose auf ihren Sarg gelegt.

Wenn ich nach der Lieblingsfarbe eines Patienten frage, begnüge ich mich auch nicht mit einer Antwort wie „Rot" oder „Blau", sondern frage weiter, welches Rot oder Blau, und warum eigentlich, woher kommt diese Vorliebe? Und was bedeutet diese Farbe für Sie? Denn in den letzten Tagen vor dem Tod, wenn Unruhe und Ängste aufkommen, kann allein schon die Vorstellung dieser Farbe heilsam sein, wenn wir sie dem Sterbenden vor Augen rufen.

Auch die Ohren dürfen verwöhnt werden, und wiederum ist die Phantasie aufgerufen, aber nicht an erster Stelle unsere eigene, sondern die Phantasie des Menschen, den wir begleiten. Wenn wir ihn fragen nach Klängen und Geräuschen und Tönen, regen wir schon allein damit diesen Sinn an, der mit seinen Erinnerungen im Lauf des Lebens ein riesiges Ton-Archiv gefüllt hat. Mit ganz besonderen Nischen für Ferienerinnerungen zum Beispiel, die wir gemeinsam noch einmal vors Ohr holen können: das Tuten des Nebelhorns für einen gemütlich-verregneten Urlaub auf den Halligen, oder das Knistern und Prasseln eines Lagerfeuers für ein Pfadfinder-Abenteuer, oder, immer wieder, das Meer. Ich habe eine Tonkassette, auf der nichts ist als Meeresrauschen – und ganz selten der Ruf einer Seeschwalbe. Als eine Patientin mir erzählte, wie sie Stunden und Stunden auf einem Felsen hoch überm Meer gesessen, in die Weite geschaut und den Wellen zugehört hat, habe ich ihr diese Kassette kopiert und mitgebracht. Sie hat sie immer wieder gehört – als Seelennahrung, wie sie sagte.

Wenn es nun sogar eine Musik gibt, die sich ein Mensch in den letzten Wochen oder Tagen seines Lebens wünscht, eine Musik, die eine besondere Bedeutung für ihn hat und die ihm gut tut, dann ist dafür leicht genug zu sorgen. Einer meiner Patienten wünschte sich die Brandenburgischen Konzerte von Bach, und da ganz besonders das dritte, in dem der letzte Satz fast ungeduldig, voller Erwartung, voller Vorfreude auf etwas zuzueilen scheint .... Er lag im ersten Stock seines Hauses, die Musik-Anlage war im Wohnzimmer im Erdgeschoss. Meine Gedanken wandern noch heute manchmal in dieses von unten bis oben klangerfüllte Haus zurück.

Übrigens ist es natürlich nicht angeraten, jemanden nun, in bester Absicht, über Stunden und Tage mit Musik zu berieseln, selbst wenn es die Lieblings-Musik wäre. Das würde nur unruhig und nervös machen. Ich habe viel gelernt aus den Berichten eines Kollegen, der wochenlang im Koma gelegen hatte. Er war ein großer Kenner und Liebhaber der klassischen Musik. Seine Familie wusste das und hat ihm fast buchstäblich Tag und Nacht die Musik vorgespielt, die er immer so gern gehört hatte. Als er schließlich aus dem Koma wieder erwacht war, hatte er monatelange Widerstände gegen jede Art von Musik. Nichts mochte er mehr hören, weder das Vertraute, immer so Geliebte, noch etwas Neues. Es war, wie er selbst sagte, sicher gut gemeint gewesen von seiner Familie, „... aber schrecklich! Absolut zu viel!"

Die Wünsche des Patienten geben uns also das rechte Maß und sind Quelle der Anregungen für alles, womit wir ihn – und seine Ohren – verwöhnen können.

Bleibt noch der Tastsinn, und dabei geht es ja nicht nur um die Hände, die etwas erfühlen, sondern um unser größtes Organ, die Haut!

Was wir spüren, ist Ausdruck unseres Befindens. „Wie fühlst du dich?" fragen wir, und damit ist – ohne dass wir darüber nachgedacht haben – auch dieser Sinn angesprochen. Wenn sich jemand wohlfühlt in seiner Haut, dann ist das ja auch buchstäblich zu nehmen.

Was gibt es nicht alles für Wohlfühlprogramme, kleine und große, die wir uns ausdenken können für den Menschen, den wir begleiten. Wegweiser durch die Ideen und Anregungen muss natürlich wieder er selbst sein, denn wenn es einer meiner Patientinnen unendlich wohl tat, wenn ich ihr den Kopf massierte, lange und ausgiebig und wie meditativ, dann kann ich noch lange nicht davon ausgehen, dass ich damit bei jedem willkommen bin. Die Fußmassage, die ein Patient buchstäblich über Stunden und Stunden genossen hat wie kaum etwas anderes mehr, würde einen anderen vielleicht sogar gestört haben. Dass ich einem dritten Patienten, der fast nur noch auf dem Rücken liegen konnte, immer wieder einfach meine Handflächen wie Schalen unter seine Waden legte, mit einem ganz leichten Impuls der Dehnung nach unten, war für ihn das absolute Wohlfühlprogramm. Ein Programm, das natürlich nicht unbedingt übertragbar ist. Streichungen und Massagen im Nackenbereich sind bei vielen und fast immer willkommen. Aber eben auch nur fast immer. Berührungen überhaupt und die Rückversicherung, die mit ihnen verbunden ist: dass wir die Hand auf die Schulter eines Patienten legen, wenn er unruhig ist, oder unsere Hand auf oder unter die seine, können willkommen sein, wenn wir sensibel nachspüren, ob es wirklich so ist. Auch wenn jemand desorientiert ist oder voller Unrast, kann es gut tun, wenn wir ihm „Boden unter die Füße geben", indem wir unsere Handflächen mit leichtem Druck an seine Fußsohlen legen oder, wenn er auf der Seite liegt, einfach mit unserer Hand Ruhe und Wärme geben auf diese besondere Stelle zwischen den Schulterblättern. Wir können dazu auch mit ihm überlegen, welche Öle er gern hat, um ihn damit einzureiben und ob er sich Wärme wünscht auf seiner Haut oder Kühle.

All das kann, manchmal deutlich lesbar, den anstrengenden Weg leichter werden lassen.

Es gibt für die meisten Menschen zudem noch die Dinge, die sie einfach gern berühren, die sie gern in Händen halten. Und dafür können wir gerade mit dem, was wir als kleine Geschenke mitbringen, unsere Phantasie nutzen: Steine, die glatt und rund sind, oder auch Kristalle mit ihren vielen glatten Facetten, oder ein hübsches kleines Seidentuch, zart und weich anzufühlen, oder einen Tannenzapfen aus dem Garten.

Ein Wohlfühl-Wunschprogramm ist für die Gesunden eine Zeit, in der sie genüsslich „ihre Seele baumeln lassen können", umso mehr aber gewiss für die Schwerkranken. Unserer Phantasie sind – so lange sie im Einklang mit den Wünschen und Bedürfnissen der Patienten bleibt – keine Grenzen gesetzt, wenn es darum geht, „dass sich die Seele wohlfühlen kann im Körper."

Eine Zeit zum Steinewerfen
und eine Zeit zum Steinesammeln

Der Wunsch nach Selbstbestimmung

Die erste Patientin, die ich bis zum Ende begleitet habe – noch eine ganze Zeit, bevor ich begann, für die Hospizgesellschaft zu arbeiten –, war Dialyse-Patientin, seit einigen Jahren blind, und auf Grund ihres Diabetes war bereits ein Fuß amputiert worden. Sie war eigentlich kaum zu einem selbständigen Leben mehr fähig. Trotzdem wohnte sie allein in ihrer kleinen Wohnung. Einmal am Tag – außer am Wochenende – kam ein Zivildienstleistender, um für sie einzukaufen und die eine oder andere notwendige Verrichtung zu übernehmen. Zweimal in der Woche wurde sie mit dem Taxi in die Dialyse-Station gebracht und wieder geholt. In der übrigen Zeit war sie allein und sorgte für sich selbst.

Dass da außer mir nur noch ihre Tochter hin und wieder kam, sonst niemand, fiel mir zunächst gar nicht auf. Sie machte nicht den Eindruck, als wäre da ein Defizit. Fast den ganzen Tag lief bei ihr leise das Radio, oder sie „hörte Fernsehen". Sie lebte das, was ihr – wie ich es nachträglich verstand – einer der obersten Werte war in der Skala dessen, was für sie Bedeutung hatte: Unabhängigkeit und Selbstständigkeit.

Als sie dann plötzlich – sie war erst Mitte Fünfzig – zu alldem anderen noch einen Schlaganfall erlitt und daraufhin ins Altenpflegeheim gebracht wurde – man wusste sich wohl keinen anderen Rat –, lag sie nun da, halbseitig gelähmt, blind, unfähig aufzustehen oder gar zu gehen, unfähig, sich zu orientieren. Das muss für sie die Hölle gewesen sein. Als ich sie besuchte, fand ich sie in einem kleinen Einzelzimmer, die Tür zum Korridor stand offen, manchmal blieb einer der alten Menschen, die vorbeischlurften, stehen und schaute sie an – sie wusste weder, ob da jemand ist, noch wer, noch ob derjenige es mit ihr gut meint oder nicht. Die Tränen liefen ihr übers

Gesicht, und immer wieder rief sie laut oder schrie. Dann kam auch schon mal jemand vom Pflegepersonal, stellte ihr etwas zu Trinken hin und hastete dann wieder davon, um sich den ohnehin zu vielen anderen bedürftigen Patienten auf der Station zu widmen.

Ihre Tochter war gerade auf Reisen, und so war ich – außer einem kurzen Besuch der Taxi-Chauffeurin, die sie immer in die Dialyse gefahren hatte –, offenbar die einzige, die nach ihr schaute.

Von ihrer Selbstständigkeit war nichts, rein gar nichts übrig geblieben. Außer einem winzigen Detail, das ich durch Zufall entdeckte. Sie jammerte: „Die schimpfen immer mit mir, weil ich nicht esse, aber ich kann nicht, ich will nicht. Muss ich das denn? Es ist so schrecklich." Da sagte ich ohne weiter zu überlegen „Aber das ist doch Ihre eigene Entscheidung! Wenn Sie essen wollen, essen Sie, und wenn nicht, dann nicht. Da kann Ihnen doch niemand hineinreden". In diesem Augenblick ging buchstäblich ein Leuchten über ihr Gesicht, das ich nie vergessen werde, denn dies war offenbar das größte Geschenk, das ich ihr hätte machen können. Ich hatte es ihr, ohne darüber nachgedacht zu haben, in die Hände gelegt: das Bewusstsein nämlich, dass eben doch noch so etwas wie Selbstbestimmung und Autarkie möglich war, dass es noch einen Bereich gab, in dem sie Herrin ihrer selbst sein konnte. Als ich merkte, wie wichtig ihr das war, habe ich versucht, ihr so gut es ging eine Orientierung in ihrer Umgebung zu ermöglichen. Ich habe ihr Zimmer beschrieben und die Schwestern und Pfleger, die sie ja nur von der Stimme her kannte, und auch den einen alten Mann, der da immer an ihrer offenen Tür stehen blieb und eigentlich ganz freundlich ausschaute, so dass sie, wenn sie die schlürfenden Schritte hörte, damit auch ein Bild von einem Menschen verbinden konnte.

Ich habe, als ich die Situation nun besser verstand, mit den Schwestern gesprochen und ihnen versucht zu erklären, was dahinter steckt, wenn diese Frau schreit oder ruft – denn einige von ihnen waren schon ziemlich genervt.

Es war nicht viel, was ich sonst noch für diese Frau tun konnte. Beim Vorlesen zuzuhören wurde ihr bald zu anstrengend, also habe ich ihr nur ihren Fußstumpf massiert, wenn sie unter Phantom-Schmerzen litt, habe ihr Gesicht und ihr Haar gestreichelt, was sie sehr genoss, habe für sie ihr Lieblings-Parfum gekauft, damit sie wenigstens in diesem Duft etwas von ihrer eigenen Welt finden konnte, und habe ihr den rohen Schinken mitgebracht, den sie so gern aß – wobei sie davon nur ein wenig kostete, denn den Geschmack zu genießen, nicht aber Nahrung zu sich nehmen zu müssen, war das, was sie sich wünschte. All das war sicher ganz schön für sie. Am wichtigsten war und blieb aber jede noch so winzige Kleinigkeit, die ihr das Gefühl vermittelte, dass sie wenigstens einen Rest Unabhängigkeit bewahrt hatte. Dazu gehörte ganz wesentlich, dass jetzt eine Brücke in der Kommunikation mit den Pflegenden entstanden war, die sie ernst nahmen und verstanden, sodass sie nicht mehr vor Verzweiflung und Hilflosigkeit schrie, wie vorher, als sie noch den Eindruck hatte, es hörte sie ja doch niemand. Jetzt klingelte sie, wenn sie etwas brauchte, und wusste, es kommt jemand, sobald als möglich. Ernst genommen zu werden, trotz all ihrer Hilflosigkeit, war gerade jetzt, in den letzten Wochen ihres Lebens, das Kostbarste, was wir ihr geben konnten. Das bezog sich auch auf die religiösen Bereiche. Ich fragte sie, ob es ihr recht sei, wenn ich die Pfarrerin um einen Besuch bäte, und als sie dem zustimmte, erschloss das wiederum ein weites Feld, in dem sie autark war: das Reich ihrer Seele.

Ich habe von jedem Menschen, den ich bis zuletzt begleitet habe, viel gelernt. Während ich für diese Frau da sein konnte, hat sich mir dieser Wunsch nach Selbstbestimmung ganz besonders tief eingeprägt. Ich habe später immer und immer wieder erlebt, wie wichtig es ist, bei Schwerkranken genau darauf zu achten. Sogar, wenn auf den ersten Blick der Wunsch nach Hilfe vorrangig zu sein scheint, ist der nach Autarkie oft übergeordnet und damit wichtiger. Das heißt, ich sollte in den meisten Fällen meine Hilfe wirklich auf das beschränken, was ohne mich für den Patienten unmöglich wäre – und den Rest dann aber ihm überlassen.

Eine Freundin von mir, die seit wenigen Jahren blind ist, sagte einmal ganz verzweifelt: „Einige Menschen, die versuchen, mich über die Straße zu führen, behandeln mich, als wäre ich nicht nur blind, sondern auch nicht ganz zurechnungsfähig und dazu noch gehbehindert. Blind allein reicht doch schon!"

Es gilt also, sensibel zu sein für die Freiräume, die wir Sterbenden bewusst zuerkennen können. Sie machen einen wichtigen Teil der Würde aus, die in weiten Bereichen so reduziert zu sein scheint auf der letzten Wegstrecke.

Ein wichtiger Gedanke, der in diesen Zusammenhang gehört, ist die Befürchtung, dass womöglich am Ende noch sinnlose Anstrengungen unternommen werden könnten, um das Leben, oder besser gesagt: das Sterben zu verlängern. Diese Vision ist für viele von uns ein Horror. Mittlerweile gibt es die Möglichkeit, eine Patientenverfügung zu verfassen und gegebenenfalls auch Betreuer zu bestimmen für den Fall, dass wir in einen Zustand geraten, in dem wir uns nicht mehr für uns selbst einsetzen können. Es bedarf dafür keines Notars, es genügt, dass zwei Zeugen unterschreiben, dass wir im Vollbesitz unserer geistigen Kräfte sind. Einen Entwurf für solch eine Verfügung gibt es zum Beispiel in den Hospiz-Geschäftsstellen. Diese Vorsorge ist sicher gut, um die innere Ruhe zu bewahren, wenn wir im Gedanken an unser Sterben an bedrohliche Phantasien von hilflosem Ausgeliefertsein geraten.

Autarkie im Wunsch, über den Krankheitszustand aufgeklärt zu werden, gehört dabei zum Vorfeld. Das bedeutet für uns besondere Wachsamkeit im Sinne des Sterbenden, wenn die Umgebung beginnt, ihn – vielleicht in bester Absicht – über seine Krankheit im Unklaren zu lassen, und sich ausschweigt über die Möglichkeiten oder nicht mehr realistischen Hoffnungen, die sich im Zusammenhang mit einer Therapie oder irgendwelchen Medikamenten ergeben.

Wenn ein Patient fragt: „Was ist das für eine Medizin, die Sie mir da bringen?" gibt es eine Reihe von Antworten, die ich schon in Krankenhäusern gehört habe, und die absolut verboten sein sollten: „Das ist das, was der Herr Doktor Ihnen verordnet hat", oder „Das ist etwas, das ist gut für Sie", oder „Das sind die Tabletten, die Sie jetzt abends nehmen sollen", ja auch „Das ist das Medikament, das Sie jetzt zur Beruhigung kriegen". Solche Antworten können einen Menschen nur in hilflose Aggression versetzen, denn sie deuten auf milde-überlegene Weise an, dass hier über ihn verfügt wird wie über ein unmündiges Kind.

Überhaupt können wir dem Patienten allein schon durch unsere Sprache ein Gefühl von Würde und Eigenständigkeit vermitteln.

Wie fühlt es sich für Sie an, wenn Sie hören: „Wir sorgen alle dafür, dass es dir gut geht, dass du die beste Pflege hast und alles Nötige bekommst"? Und wie, wenn es heißt: „Sag uns, wie du es haben möchtest und was dir wichtig ist, wir schaffen das schon zusammen"? Es ist ein riesiger Unterschied, der zwischen diesen beiden Sätzen liegt, obschon die Bereitschaft zu helfen und für den anderen da zu sein jedes Mal die gleiche sein mag.

Der viel zitierte Satz von Cicely Saunders, der Gründerin von St. Christopher's Hospice in London, der Begründerin der Hospiz-Bewegung, ist in der Aussage vorbildhaft: „Sie sind wichtig, weil Sie eben Sie sind. Sie sind bis zum letzten Augenblick wichtig. Und wir werden alles tun, damit Sie nicht nur in Frieden sterben, sondern bis zuletzt leben können!"

Am Beginn steht das Selbstwertgefühl des Sterbenden. Und danach richtet sich dann erst alles, was wir für ihn tun. Das heißt: Wir können auf die verschiedenste Weise dafür Sorge tragen, dass er seine Würde als Individuum bis zuletzt behält, dass ihm nicht die Kontrolle über sein Leben aus der Hand genommen wird, und dass die Menschen, die um ihn sind, aufrichtig mit ihm umgehen, warmherzig, offen, und mit der Bescheidenheit, die sie ganz von selbst davor bewahrt, sich in den Vordergrund zu schieben.

Eine Zeit zum Steinewerfen
und eine Zeit zum Steinesammeln

Atmosphäre schaffen

Auch die Umgebung, der Raum, in dem ein Schwerkranker liegt, wird auf eigene Weise zum Sterbebegleiter.

Das heißt: Nicht nur wir und all die anderen, die mit ihrer Sorge und Pflege um einen Sterbenden sind, nicht nur die, die ihn besuchen, vom Hausarzt bis zum Seelsorger, die Freunde, Kollegen oder Verwandten, nicht nur die Menschen also sind es, die mit ihm sprechen, ihn berühren, mit ihm kommunizieren mit oder ohne Worte, nicht nur wir alle sind es, die ihm mit unserer Gegenwart gut tun – oder ihn belasten. Da ist, ganz wesentlich, auch der Raum um ihn, das Zimmer, in dem er jetzt seine Zeit verbringt, ohne es mehr verlassen zu können, ohne noch selbst für Ordnung und Schönheit sorgen zu können – oder für fröhliches Chaos, wenn es das war, was er gern um sich hatte. Die Umgebung spricht auf ihre Weise mit dem Sterbenden. Nicht zufällig sagen wir: „Dieser Raum spricht mich an", oder „Er entspricht ganz diesem Menschen."

Wir sind, wenn es in eine unabsehbar lange letzte Zeit geht, meistens gezwungen, einen Raum eigens für den Patienten einzurichten.

Dass alles für eine optimale Pflege vor allem praktisch gestaltet sein muss, rangiert dabei vermutlich an erster Stelle. Meistens wird dann der Wohnraum zum Krankenzimmer, weil das Schlafzimmer des Patienten zu klein ist, und weil er doch noch all das um sich haben soll, was er tagsüber gewohnt war, also den Ausblick aus dem Fenster, die Bücher, den Fernseh-Apparat und vieles mehr.

Ich erinnere mich an eine meiner letzten Begleitungen. Die Patientin hatte verfügt, dass sie auf keinen Fall ins Krankenhaus will, sondern unter allen Umständen zu Hause in ihrer Wohnung bleiben möchte. Nun war sie nachts gestürzt, hatte sich, wie es schien, schlimm verletzt, und der rasch herbeigerufene Notarzt ließ sie eben doch ins Krankenhaus bringen, damit wenigstens abgeklärt werden konnte, wie schwer die Verletzungen sind und was notwendig wird für die weitere Pflege.

Sie war für die wenigen Tage einverstanden mit dieser Lösung, wollte dann aber gleich wieder zurück in ihre Wohnung. Dabei wurde nun klar, dass die Pflege so wie bisher nicht mehr möglich war: Sie würde nicht mehr aus dem Bett aufstehen können, würde auch nicht mehr ihre ein, zwei Stunden am Tag im Wohnzimmer verbringen können. Wir mussten also versuchen, bevor sie wieder nach Hause gebracht wurde, alles für sie – und für diejenigen, die zur Pflege kamen –, so einzurichten, dass es optimal war.

Natürlich baten wir sie um Erlaubnis. Aber ich bin sicher, sie war sich nicht darüber klar, wie groß der Eingriff in ihre gewohnte Häuslichkeit sein würde, obwohl wir ihr alles genau schilderten, was wir für notwendig hielten.

Um ihr ihre wohnliche Atmosphäre so weit als möglich zu erhalten, hatten wir das Krankenbett nicht im Schlafzimmer aufgebaut. Das eigene Bett war ohnehin, wie das häufig ist, so niedrig, dass man sich beim Betten und Heben und Pflegen „das Kreuz abbrechen würde", wie es so drastisch heißt. Außerdem brauchte sie einen sogenannten „Galgen", um sich hochziehen zu können, also ließen wir durch die Krankenkasse ein elektrisch verstellbares Pflegebett besorgen. Das kam nun an die Stelle, wo früher die Couch stand, die Couch kam in den Keller, ebenso wie der größte Teil der Teppiche, die es unmöglich gemacht hätten, den Toilettenstuhl und den Bett-Tisch hin und her zu rollen. Dann musste auch Platz geschaffen werden, um die vielen Medikamente übersichtlich aufzubauen und die Wasch-Utensilien abzustellen, und all die Pflege-Mittel, die Windeln und die Nierenschale, das Verbandmaterial und was noch alles gebraucht wurde. Also mussten die Fotos und die hübschen „Nippes" auf der Kommode zusammenrücken. Die Papiere und der Schreib-Block und die Schale mit den Stiften, Notizbuch, Adress-Buch und Ordner auf dem Schreibtisch wurden zur Seite geschoben. Das alles war natürlich von der pflegerischen Sicht her notwendig, und das würde die Patientin auch einsehen.

Nun war das ehemalige Wohnzimmer so praktisch wie nötig und so hübsch wie möglich eingerichtet. Wir warteten auf den Krankenwagen, und plötzlich sahen wir den Raum mit den Augen der Frau, die ihn vorher so behaglich und ganz nach ihren eigenen Bedürfnissen gestaltet hatte, und die jetzt gleich hereingetragen würde. Wir bekamen ein ziemlich flaues Gefühl im Magen. Wie groß war doch der Eingriff in ganz intime und emotional sensible Bereiche. Selbst wenn wir noch so behutsam dabei vorgegangen waren.

Es war dann auch so, wie ich befürchtet hatte. Sie sagte nie etwas zu diesen Veränderungen, aber gerade das machte spürbar, dass sie sich nicht mehr so recht zu Hause fühlte in ihren vier Wänden.

Zum Glück gab es allerdings ein Element, das ihr außerordentlich wichtig war und das nicht irgendwelchen praktischen Dingen hatte weichen müssen: ihre Pflanzen. Sie hatte sie immer von ihrem Bett aus im Blickfeld und wachte darüber, dass sie auch weiter nach ihren Anweisungen gepflegt wurden, und dass jedes welke Blättchen gleich abgezupft wurde. Ich begriff, wie doch zum Glück noch trotz aller Veränderungen ein wichtiger Teil ihrer eigenen Atmosphäre unversehrt war und blieb bis zuletzt.

Dieses nun also: zu beachten, wie wohltuend oder abschreckend die Atmosphäre um einen Patienten ist, und wie sehr sie seinem Geschmack, seiner ganz eigenen Art entspricht – oder widerspricht, gehört zu einem wichtigen Teil unserer Begleitung, denn der Sterbende bleibt doch, sobald wir aus dem Zimmer gehen, dieser Umgebung überlassen. Wie wesentlich ist es also, ihn in die Gestaltung seiner Umgebung einzubeziehen, auch, wenn er nicht mehr sonderlich daran interessiert zu sein scheint.

Ein Beispiel dafür war die Situation eines schwerkranken Patienten, der für einige Tage im Krankenhaus liegen musste. Das Zimmer war winzig und absolut kahl. Die Aussicht aus dem Fenster: eine nackte Häuserwand. Dass er die Augen meist geschlossen hatte oder deprimiert und apathisch vor sich hinschaute, lag nicht unbedingt an seinen Schmerzen oder Ängsten, sondern sicher zu einem Teil auch daran, dass er, der immer ein Ästhet gewesen war, sich auf diese Weise von seiner Umgebung abzuschirmen suchte.

Ich fuhr rasch nach Hause, holte meine kleine Kollektion von Kunst-Kalenderblättern, und als ich zurück kam, bat ich ihn, daraus das auszuwählen, womit ich die leere Wand dekorieren könnte. Zunächst schien er nicht gerade interessiert, hatte sich wohl, resignierend, in sein Schicksal ergeben. Als ich aber einige Blätter vor ihm ausbreitete, wurde er lebhafter, begann die einen näher zu betrachten und andere wegzuschieben. Wir verbrachten eine schöne Zeit zusammen, leise über Kunst und Malerei im Gespräch, und schließlich hatten wir eine Auswahl von drei Bildern, die ich nach seiner Anweisung auf einen Hintergrund von farbigem Ton-Papier aufzog und an der Wand befestigte, so, dass sie auch leicht wieder abzulösen waren. Ich hatte zwar deshalb mit der Stationsschwester erst noch ein wenig Schwierigkeiten, aber die Bilder durften schließlich doch bleiben.

Als ich den Patienten für die Nacht allein ließ, blieben bei ihm die Gesprächspartner im Raum, die er sich wünschte: zwei Landschaften, die ihn in ihre lichte, stille Heiterkeit einluden, und eine Madonna, die, wie er sagte, so viel Liebreiz und Erbarmen ausstrahlte.

Wir können viel beitragen zur Atmosphäre in einem Krankenzimmer, wenn wir mit all unserer Phantasie und Kreativität die große Vielfalt der Dinge wahrnehmen, die helfen können, dass der Sterbende sich in seiner eigenen Atmosphäre wohlfühlt.

So lange es möglich ist, können wir mit dem Patienten darüber im Gespräch bleiben. Auch diese Gespräche sind dann schon ein Teil des Atmosphäre-Schaffens, und wir kommen so nicht in Gefahr, mit großer Selbstverständlichkeit unsere eigenen Vorstellungen zu realisieren, anstelle der Wünsche dessen, für den wir die Atmosphäre gestalten, und können es genießen, gemeinsam unserer Phantasie Raum zu geben.

Eine Zeit zum Umarmen
und eine Zeit, die Umarmung zu lösen

Berührungen

Nur ein geringer Teil der Kommunikation zwischen uns Menschen läuft über die Sprache. Ein Viertel ist es nur etwa. Alles andere nehmen wir wahr in Gesten, Körperhaltung, Tonfall, Mimik und vielem mehr. Und in dem, was die Ausstrahlung eines Menschen ausmacht. Wir sind uns dessen selten bewusst, reagieren aber unbewusst ständig auf diese Dinge. Und dabei sind Berührungen in ihrer Wirkung von besonderer Bedeutung.

Wir alle haben ein natürliches Bedürfnis, berührt zu werden. Es gab bereits im vorletzten Jahrhundert recht makabre Experimente, um herauszufinden, wie Kinder sich entwickeln, die nicht angefasst werden, geschweige denn gehalten, umarmt, liebkost und gestreichelt. Das Ergebnis war erschütternd: Sie entwickelten sich überhaupt nicht, ja, sie wurden krank und gingen an diesem unmenschlichen Verfahren ein.

Berührungen sind lebensnotwendig. Das heißt natürlich nicht, dass jede Berührung uns willkommen ist, nicht von jedem und nicht jederzeit und nicht in jeder Art. So leicht, wie wir das sofort begreifen, wenn wir darüber nachdenken, so leicht sollte es uns eigentlich auch fallen, dieses Wissen in unsere Kommunikation mit Schwerkranken und Sterbenden zu übertragen.

Das heißt: Wir spüren am besten zuerst nach, ob wir willkommen sind mit unserer Berührung. Und wir sollten es nicht persönlich nehmen, wenn wir's nicht sind. Es gibt so viele lebensgeschichtliche Zusammenhänge, Erfahrungen aus der Kindheit vor allem, gute und schlechte, heilsame, vergnügliche, ärgerliche, Angst oder Mut machende, die die Bedeutung von Berührungen für einen Menschen bestimmen, so dass es für ihn selbstverständlich sein kann, berührt zu werden, oder erschreckend oder störend oder irritierend, wünschenswert, beruhigend, oder fast unerträglich, oder Berührungen auf fast gleichgültige Weise einfach eine sachliche Angelegenheit sein lässt.

Je mehr Menschen ich berühren durfte, desto mehr wurde mir klar, wie viel ich in der Berührung durch meine Hände – oder wenn jemand gehalten und umarmt werden wollte: durch meinen Körper – erfahren habe von der Persönlichkeit, der Lebensgeschichte, den Verletzungen, den ganz eigenen Schönheiten eines Menschen, ohne dass ich das allerdings direkt in Bilder oder Worte hätte fassen können.

Trotzdem will ich versuchen, das durch zwei, drei Beispiele deutlich zu machen.

Eine Patientin, die ich begleitet habe, lag während vieler Tage auf der Seite, das Gesicht zur Wand. Zunächst dachten wir, die wir sie pflegten oder begleiteten, sie hätte diese Lage wegen ihrer Tumor-Schmerzen gewählt. Diese Annahme erwies sich aber als falsch. Wenn wir sie ansprachen, reagierte sie kaum, und bei der Pflege ließ sie sich nur äußerst ungern darauf ein, auf Bitten der Schwester für kurze Zeit auf dem Rücken zu liegen, bevor sie sich dann gleich wieder auf die Seite drehte.

Durch eine eher zufällige Berührung habe ich eines Tages entdeckt, was offenbar einen guten von all den „gut gemeinten" Impulsen unterschied. Ich hatte ganz sacht meine Hand auf ihre Schulter gelegt, meine Hand bildete eine Mulde und war so leicht, dass sie sie wahrnehmen konnte – oder auch nicht. Voller Erstaunen spürte ich, wie sich die Schulter in meine Hand dehnte und schmiegte, und gleichzeitig drehte sich die Patientin, immer weiter vertrauensvoll in diese Achse eingeschmiegt, auf den Rücken und schaute mich an, mit einem Vertrauen, das ich bei ihr nicht erwartet hatte. Meine Hand blieb weiter wie eine kleine warme Höhle um ihre Schulter.

Es ist nicht einfach, das mit Worten zu schildern, was für mich von diesem Moment an ganz evident und verständlich war: Diese Frau brauchte – nicht nur körperlich – einen Schutz, eine Rückversicherung, einen Halt, der sie weder einengte noch zu manipulieren drohte. Etwas, was als Angebot gerade noch spürbar war, ohne sich aufzudrängen, und die Freiheit, sich ihrerseits hineinzubegeben. Also diese ganz fragile Kombination von einem sehr zurückhaltenden Hilfsangebot und ihrer eigenen Wahlmöglichkeit zwischen Annehmen und Rückzug. Das Ganze konnte, „mit Händen greifbar", als Sehnsucht nach Sicherheit und Geborgenheit und gleichzeitig als Wunsch nach Autarkie verstanden werden.

Eine andere Patientin litt immer wieder unter Panik-Attacken, die schwer einzuordnen waren. Sie schienen nichts mit ihrem Krankheits-Zustand zu tun zu haben und waren auch anscheinend ohne Zusammenhang zu dem, was gerade gesagt worden war. Wie aus heiterem Himmel erfasste sie eine Welle von Unsicherheit, sie bewegte den Kopf hin und her und hin und her, manchmal schrie sie auch ängstlich auf. Einmal, als das auch wieder geschah – sie saß gerade auf dem Toiletten-Stuhl –, bemerkte ich, dass ihre Füße nicht ganz den Boden berührten, es fehlte gerade nur ein knapper Zentimeter, nicht mehr. Ich holte ein kleines Kissen und stellte ihre Füße darauf, und die Attacke hörte sofort auf, sie wurde ruhig und entspannte sich. Als sie am Tag darauf die nächste Panik bekam, fast schlimmer als je zuvor, lag sie auf dem Rücken, eigentlich in einer durchaus bequemen Lage. Ich dachte an meine Erfahrung vom Vortag, legte meine Handflächen mit leichtem aber bestimmtem Druck gegen ihre Fußsohlen, und die Attacke hörte ebenso plötzlich auf wie Tags zuvor.

Sie geriet in diese verzweifelten panischen Zustände also ganz offenbar dann, wenn sie das Gefühl hatte, den Boden unter den Füßen verloren zu haben. Ich konnte das bald als durchgehendes Muster verfolgen, nicht nur physisch, sondern auch im übertragenen Sinn, und begann, viel mehr von ihr zu verstehen und auch manche Verletzung, manche Demütigungen aus ihrer Lebensgeschichte anders einzuordnen, von denen sie erzählte.

Und noch von einer dritten Patientin möchte ich in diesem Zusammenhang erzählen. Wir kannten uns schon mehrere Wochen. Als ich mich dann einmal über sie beugte, um sie bequemer zu lagern, hat sie die Arme ausgestreckt und mich umarmt, und ich habe diese Umarmung fast ohne zu zögern erwidert. Was ich nun spürte, war nicht die Umarmung einer unheilbar kranken Siebzigjährigen, sondern die Umarmung eines Kindes, einer Dreijährigen, die ganz vertrauensvoll ihren Kopf dabei an meine Schulter bettete und zufrieden aufseufzte. Und aus diesem Gefühl heraus sagte ich: „Manchmal tut es gut, noch einmal wie ein kleines Kind gehalten und getröstet zu werden ...". Sie fing an, leise zu weinen, kuschelte sich weiter in diese Umarmung, erzählte zum ersten Mal aus ihrer Kindheit und schöpfte aus ihrer Erinnerung noch einmal die tröstende Nähe ihrer Großtante Mia, die ihr Geborgenheit gegeben hatte, wenn sie verzweifelt war, und die jetzt, in diesem Augenblick, auf wohltuende Weise durch mich präsent war und ihr die Wärme und Kraft gab wie damals. – Als diese Patientin einige Zeit später, kurz vor ihrem Tod, besonders viel Trost und innere Ruhe brauchte, wusste ich, auf welche Weise ich ihr gut tun konnte.

Ganz wichtig ist der Anfang einer ersten Berührung. Nicht dass sie nicht spontan sein dürfte. Aber trotzdem: Hier findet eine Annäherung statt, ein erster Schritt in der Kommunikation, der willkommen sein kann – oder auch nicht. Es muss möglich bleiben, mich im Zweifelsfall sofort wieder zurückziehen zu können mit all meiner freundlichen Bereitschaft, Berührung geben zu wollen. Nichts ist in diesem Zusammenhang störender und unsinniger als der Versuch, Nähe aufzudrängen. (Wir werden im nächsten Kapitel noch weiter über Nähe und Distanz nachdenken.)

Es gibt ein Bild, das mir dabei hilft: das Bild eines Schmetterlings, der sich auf einer Hand niederlässt, federleicht, kaum spürbar, und bereit, sich bei der geringsten Veränderung, einem Hauch von Zusammenzucken, gleich wieder zu lösen und wegzufliegen.

So leicht, so ganz im Spüren, ob man willkommen ist, sollte der erste Kontakt mit einem Schwerkranken oder Sterbenden sein, den wir berühren. Ich spreche dabei natürlich nicht von den notwendigen pflegerischen Handgriffen: Die müssen ganz von der selbstverständlichen Sachlichkeit bestimmt sein, sondern von den Berührungen, die dem Patienten Nähe, Wärme, Ruhe, Rückversicherung, Mitfühlen vermitteln sollen. Hier gilt es, immer, bereit zu sein, mich gleich zurückzuziehen, bis ich weiß, dass ich mit meiner Nähe angenommen bin.

Dann aber darf eine Berührung nicht mehr zaghaft oder fragend bleiben, sondern kann die Selbstverständlichkeit haben, die im Kontakt mit Menschen so heilsam ist. Selbstverständlichkeit? Wir müssen dabei mit uns selbst ganz ehrlich bleiben. Ist es für mich selbstverständlich, diesen Menschen anzufassen, ihn zu berühren und mich von ihm berühren zu lassen? Wenn es nicht so ist, dann gibt es nur eines: den Abstand genau so zu lassen, wie er für mich gut und stimmig ist. Alles andere wäre – für den Patienten wie für mich selbst – nicht passend, wäre unehrlich und würde die Beziehung stören oder schlimmstenfalls sogar zerstören.

Wir brauchen uns nicht so sehr den Kopf darüber zu zerbrechen, wie wir auf Berührungen reagieren sollten, und ob und wann und auf welche Weise wir jemand berühren dürfen oder sollen. Es reicht im Grunde, wenn wir einfühlsam bleiben und dabei authentisch und echt. Ich habe die Erfahrung gemacht, dass das nicht schwer ist, wenn ich es mir nicht schwer mache.

Eine Zeit zum Umarmen
und eine Zeit, die Umarmung zu lösen

Heilsame Nähe und heilsame Distanz

Ein Thema stößt in meinen Seminaren immer auf besonderes Interesse: Nähe und Distanz. Als sei es kaum vorstellbar, dass hier eine gute Balance zu finden sei.

Was ist eigentlich die Besorgnis, die dahinter steckt?

Einerseits offenbar die vor zu großer Nähe. Da gibt es sicher eine ganze Reihe von Befürchtungen. Zum Beispiel die, wir könnten total vereinnahmt werden. Dass also von uns nicht mehr viel übrig bleibt, keine Freiheit, kein Eigenleben. Oder dass wir nur noch in allem, was wir tun und denken, ganz und ohne Rückzugsmöglichkeiten mit dem, den wir betreuen, beschäftigt sind, Tag und Nacht, rund um die Uhr. Oder dass wir durch diese Ausrichtung auf ihn hin nun seine Schmerzen, seine Ängste, seine Gefühle mit ihrem Auf und Ab mitfühlen und womöglich weit deutlicher und intensiver empfinden als unsere eigenen. Oder dass wir uns, wenn wir ganz offen sind für den, den wir begleiten, nicht nur berührbar, sondern in einem Maße verletzlich machen, das unerträglich zu werden droht.

In diese zu dicht empfundene Nähe zum kranken Menschen geraten wir natürlich aus besten, liebevollen Absichten. Alles, was wir nur können, möchten wir für ihn tun, für all seine Bedürfnisse da sein, all seine Emotionen mitleben und beantworten, alle Gedankengänge mit ihm teilen, immer, wenn er uns braucht, für ihn verfügbar sein. Aber wenn das tatsächlich gelingen sollte, spüren wir rasch genug nicht nur die Überforderung, die das mit sich bringt, sondern eben auch, dass diese Distanzlosigkeit weder uns noch dem Patienten mehr Raum zu lassen scheint.

Diese Befürchtungen wahrzunehmen, ihnen ihr gutes Recht einzuräumen, ist nicht nur für uns, sondern auch für den Sterbenden wichtig. Denn sie sind – wie alle Ängste – eine gesunde Warnung unseres Bewusstseins, dass wir in eine Falle geraten könnten und Grenzen missachten.

Das zu bedenken und zu würdigen, bewahrt uns auch davor, dass wir uns ein schlechtes Gewissen machen, indem wir uns unter den Druck eines „Nie genug" setzen. Dieses Gefühl, „nie genug" für den Sterbenden da zu sein, ist etwas, was gerade diejenigen in Schwierigkeiten zu bringen pflegt, die besonders gern helfen. Dabei muss es sich nicht unbedingt nur um die handeln, die unter dem vielzitierten „Helfer-Syndrom" leiden.

Es gilt also, auf eine heilsame Distanz zu achten. Das ist das eine.

Das andere ist die Besorgnis, wir könnten zu viel Distanz zwischen uns und den Sterbenden legen, und auch sie hat ihre Berechtigung und oft genug ihren guten Grund.

In die Gefahr, zu viel Distanz zu brauchen, geraten wir zum Beispiel dann, wenn wir meinen, wir könnten etwas falsch machen in der Begleitung eines Sterbenden. Lieber Abstand halten und gar nichts tun, lieber nicht zeigen, wie uns zu Mute ist, damit wir den anderen nicht mit unseren Emotionen belasten. Lieber nicht hinhören müssen, wenn Klagen oder Verzweiflung oder Wut und Trauer ausbricht. Denn wie sollen wir damit umgehen? Aus dieser Unsicherheit heraus machen wir den Abstand zwischen ihm und uns so groß, damit ja nicht die Gefahr aufkommen kann, dass wir mit unserer Hilflosigkeit und unseren Zweifeln konfrontiert werden.

Die Angst, verletzen zu können durch das, was wir sagen oder tun, – oder eben die Angst davor, selbst verletzt zu werden durch das, was uns zu schwierig, zu belastend scheint, lässt uns manchmal all zu rasch Distanz als einzige Möglichkeit des Schutzes für den anderen oder für uns selbst wählen. Natürlich kann Distanz eine gute Möglichkeit sein, aber sie ist ganz sicher nicht die einzige. Wenn wir uns in dem Abstand, in den wir geraten sind, unwohl fühlen, wenn wir ihn als nicht stimmig empfinden, gilt es, dann auch nachzuspüren, ob da nicht ganz grundsätzliche, tiefe Bereiche angerührt sind, ob es nicht besser wäre, wenn wir diesen Ängsten, die uns in die Distanziertheit flüchten lassen, nachgingen, wenn wir sie anschauten und begännen, sie behutsam zu lösen.

Nach meiner Erfahrung kann es für diese Flucht in die innere Distanziertheit zu einem Schwerstkranken verschiedene Ursachen geben: Wir haben uns mit der eigenen Endlichkeit noch nicht auseinandergesetzt; wir haben keine – oder nur unheilvolle Bilder von Sterben und Tod; es gibt für uns keinen Bezug zu einem Leben nach dem Tod, oder wir haben zumindest diesen Bezug noch nie gedanklich vollzogen; wir haben eine Sinnhaftigkeit von Leid und Schmerzen noch nicht einmal in Betracht gezogen; oder wir wissen für unsere eigenen Ängste keinen Ort, zu dem wir sie tragen könnten, wenn wir keine Hoffnung auf Verstehen oder Trost für uns selbst sehen.

Dabei liegen diese Möglichkeiten meist gar nicht so fern. Das einzige, was uns vermutlich daran hindert, sie wahrzunehmen, sind Grenzen, die nur in unserem Kopf existieren, Barrieren, die es, wenn wir wollen, vielleicht gar nicht gibt. Es gehört nur ein wenig Mut dazu, sie zu überspringen oder einfach zu ignorieren und hindurch zu gehen dorthin, wo wir diese Ängste lösen können, die uns in die ungewollte Distanz getrieben haben.

Ich möchte Ihnen gern Mut dazu machen, denn vieles wird einfacher, wenn wir nicht ausweichen, sondern genau dahin gehen, wo wir immer ausgewichen sind. In diesem Fall heißt das: in die Begegnung mit unseren Hoffnungen, Sehnsüchten und vielleicht auch Befürchtungen im Zusammenhang mit unserem eigenen Sterben (das war schon Thema in einem früheren Kapitel), und dabei einen Schritt zu tun in die Bereiche, die über unsere Endlichkeit hinausreichen. Es ist hilfreich, zu sehen, wie eine unheilsame Distanziertheit ihren Grund in diesen Zusammenhängen haben kann.

Nähe und Distanz: Da gibt es auch noch das Phänomen der Grenzen, die wir in uns selbst haben. Und die Grenzen, die die Sterbenden uns setzen. Sie sind so sensibel und so unterschiedlich wie die Menschen, denen wir begegnen, und mit denen wir nicht nur in Worten sprechen, sondern ganz wesentlich auch in unserer Art, wie wir auf sie reagieren.

Unsere physische Begrenzung beschränkt sich nicht auf die Haut, die uns umschließt: Es gibt die Energie-Zonen, die wir zum Beispiel dann ganz deutlich spüren, wenn sich uns jemand langsam mit der Hand nähert. Wir spüren diese Hand, wenn wir einmal darauf achten, schon weit eher als bei der tatsächlichen Berührung. Als gäbe es da einen Bereich von einigen Zentimetern außerhalb unserer sichtbaren Begrenzung, der schon zu uns gehört, der schützenswert ist, der auf Ausstrahlung und Meinung dessen reagiert, der sich mit uns „befasst" im wörtlichen Sinn. Wenn wir einen Patienten pflegen und begleiten, wird er es als wohltuend empfinden, wenn wir diese Grenzen in unsere Wahrnehmung einbeziehen.

Dann gibt es wiederum eine Grenze, die noch weiträumiger ist: Man kann sie mit dem Sicherheitsabstand vergleichen, den auch jede Tierart hat: Es ist spannend zu beobachten, was passiert, wenn ein Mensch oder ein anderes Tier quasi ungefragt hier eindringt. Ähnliche Räume sind uns – bewusst oder unbewusst – ebenfalls spürbar im Kontakt zu unseren Mitmenschen.

Wenn Sie Lust haben, können Sie dazu einmal das Experiment machen: Sie stellen sich in einem Abstand von mehreren Metern zu einem anderen Menschen auf und gehen sehr langsam auf ihn zu, mit der Bitte, „Stop" zu sagen, sobald das Gefühl auftaucht: Sie geraten in „seinen Bereich". Wenn Sie das Experiment danach umkehren, werden Sie merken, dass das, was Ihnen vielleicht schon viel zu nah ist, für andere noch durchaus eine gute Entfernung ist, oder umgekehrt. Spannend dabei ist die Entdeckung, dass es offenbar für jeden ein deutliches Gefühl für das Umfeld gibt, das „noch zu mir gehört", und dass Nähe oder Distanz dabei sehr individuell empfunden werden.

Schon bei Kindern lässt sich das beobachten. Manche der Kinder auf der Krebsstation, denen ich regelmäßig vorgelesen habe, mochten es am liebsten, wenn ich ganz nah bei ihnen auf der Bettkante saß. Andere sagten „Du kannst dich dort auf den Stuhl setzen, mach's dir bequem", und ich respektierte ohne Zögern den Abstand so, wie er stimmig war.

Sicher spielt die Beziehung dabei auch eine Rolle, nicht zufällig sprechen wir von einer entfernten Bekannten, einem nahen Freund, einer engen Freundschaft. Aber dieser individuelle Sicherheitsabstand – rein räumlich – ist davon nicht unbedingt beeinflusst, ein Sicherheitsabstand, der angeboren sein mag und vielleicht nicht allzu viel mit Biographie, Erziehung oder Sozialisation zu tun hat.

Anders verhält es sich allerdings mit dem Schutz der Intimsphäre. Auch sie ist, wenn wir über Nähe und Distanz nachdenken, ein ganz wesentlicher Aspekt. Da geht es um das natürliche, aber auch um das anerzogene Scham-Gefühl, die Scheu, die wir in Bezug auf unseren Körper haben.

In der Pflege oder Begleitung Sterbender müssen wir oft, ohne es verhindern zu können, solche Sicherheitsabstände oder unsichtbaren Barrieren überschreiten. Wenn wir das wissen, und wenn wir jedes Mal, wenn solche Grenzüberschreitungen unvermeidlich sind, dies deutlich wahrnehmen, kann das die peinlichen Situationen entspannen. Es gibt die Möglichkeit, die Grenzüberschreitung anzusprechen, sie vielleicht wenigstens kurz anzukündigen „... das und jenes ist jetzt leider notwendig", oder, wenn der Kontakt zum Patienten diese Basis hat, auch einmal mit ihm gemeinsam humorvoll die Situation aus einem anderen Blickwinkel betrachten.

Ein Patient, den ich betreute, hatte für die Intimpflege, die ihm zunächst peinlich war, eines Tages den trockenen Kommentar: „Jetzt kommen wieder die fünf Minuten, in denen ich noch mal zum Baby werde. Nur Mut." Und mit dieser Sichtweise waren für ihn – und damit natürlich auch für diejenigen, die ihn betreuten, ein paar Peinlichkeiten aus der Welt geschafft, wobei das „Nur Mut" aufs erste Hinhören für uns, die Pflegenden gemeint zu sein schien, aber sicher auch eine Aufforderung an ihn selbst war.

Wenn wir in den Bereich eines Patienten eintreten, setzen wir ihn unserer momentanen Stimmung aus, mitsamt alldem, was uns gerade ärgert oder belastet. Wir muten ihm damit manchmal eine ganze Menge zu, ohne dass er die Möglichkeit hätte, dem auszuweichen.

Haben Sie sich schon einmal von einer Friseurin die Haare waschen lassen, die verstimmt, gestresst, nervös, auf irgend jemand wütend oder deprimiert war? Ich bin fast sicher, dass Sie so etwas schon einmal als sehr unangenehm erlebt haben – mit der Hilflosigkeit gekoppelt, hier nicht protestieren zu können und höflich sein zu müssen, obschon Sie am liebsten gesagt hätten: „Kann mich bitte heute jemand anders bedienen?" Denn die Friseurin kann sich ja nicht dazu verpflichten, ihren Dienst nur anzutreten, wenn sie heiterer und gelassener Stimmung ist.

Dies ist ein recht gutes Beispiel für das, was sich gerade in der Zeit überträgt, in der wir mit einem Schwerkranken „befasst" sind. Was können wir also tun? Wir können ja auch nicht jedes Mal wegbleiben, wenn wir nicht gerade gut aufgelegt und entspannt sind.

Ich habe – um meine Nähe für einen Menschen, den ich betreue, so weit ich es selbst in der Hand habe, erträglich und hoffentlich so angenehm als möglich werden zu lassen, zwei Möglichkeiten herausgefunden, die hilfreich sind.

Die eine ist die Zeitkapsel: Ich mache mir, bevor ich zu meinem Patienten gehe, klar, was mich bedrückt oder ärgert oder ängstigt oder was an Emotionen gerade so drastisch obenauf liegt, und fasse es in einen Satz – besser noch, wenn es geht, in ein einziges Wort, zum Beispiel: „Zeitdruck" oder „Stress mit dem Chef" oder „Angst vor dem Zahnarzt" – oder was auch immer. Dieses Wort oder diesen Satz gebe ich in eine Zeitkapsel. Ich kann mir das nur vorstellen, ich kann es aber auch tatsächlich tun, indem ich einen Zettel schreibe und in ein Kästchen lege. Und dann teile ich dem eine andere Zeit zu, in der ich mich ihm widmen werde. Die Zeit dafür ist also nicht jetzt, sondern erst, wenn ich es wieder selbst heraushole.

Wenn Sie es damit einmal versuchen, werden Sie vielleicht auch den befreienden Abstand entdecken, den Sie zu Ihrem aktuellen Stress gewinnen können.

Die zweite Möglichkeit wäre, wenn Ihr Kontakt zu dem Patienten es erlaubt, ruhig kurz das anzusprechen, was Sie aus Ihrem harmonischen Gleichgewicht gebracht hat: „Ich bin im Augenblick traurig, weil meine Freundschaft in die Brüche zu gehen droht. Vielleicht denken Sie heute Abend mal an uns, da wollen wir uns noch einmal zusammensetzen, um uns auszusprechen. Jetzt möchte ich aber ganz und mit allen Gedanken hier bei Ihnen sein."

Wenn ich aus einer belasteten Situation heraus zu einem Patienten gehe, erscheint es mir vor allem wichtig, dass ich mich je nach Einschätzung der Situation bewusst entscheide: zur Offenheit – oder eben zum Aufschieben.

Es ist generell besser, die Entscheidung zu mehr Nähe oder größerer Distanz bewusst zu treffen, statt „hineinzugeraten". So dass wir selbst Verantwortung dafür übernehmen, welcher Abstand zu dem, den wir auf seinem Weg begleiten, heilsam ist für uns beide. Das Bild der Weggefährtenschaft kann dafür dienlich sein: sich wirklich eine Szene vorzustellen, wie Sie mit dem, den Sie begleiten, zum Beispiel einen Waldweg entlanggehen. Was kommt Ihnen vor Augen: Haben Sie Ihren Arm um seine Schulter gelegt? Gehen Sie Hand in Hand? Gehen Sie nebeneinander, so dass Sie sich jederzeit berühren könnten? Ist da ein guter Abstand zwischen Ihnen, um sich anschauen zu können? Oder geht er ein, zwei Schritte vor Ihnen?

Dieses Bild wird wahrscheinlich nicht jeden Tag dasselbe sein. Es hilft also, sich auf diese Weise des richtigen Abstands ab und zu kurz zu vergewissern, um sich dann auch leichter mit der Situation, so wie sie ist, einig zu fühlen.

Eine Zeit zum Umarmen
und eine Zeit, die Umarmung zu lösen

Auf sich selbst achten

In der biblischen Geschichte vom barmherzigen Samariter wird geschildert, wie er Mitleid hat mit einem, der von Räubern übel zugerichtet wurde, wie er die Wunden verbindet, ihn auf sein Lasttier setzt, ihn in die Herberge bringt und für ihn sorgt. Es wird aber auch berichtet, wie der Samariter am anderen Morgen weiterzieht, wobei er darauf achtet, dass in seiner Abwesenheit der Verletzte weiter gepflegt wird. Er sagt zum Wirt: „Sorge für ihn, und wenn du mehr für ihn brauchst, werde ich es dir bezahlen, wenn ich wiederkomme."

Wichtig scheint mir in dieser Geschichte, die uns zum Vorbild für Mitmenschlichkeit schlechthin geworden ist, dass hier auch geschildert wird, wie der Samariter sich seinen eigenen Belangen zuwendet, und wie er das vermutlich nur deshalb ganz getrost tun kann, weil er die weitere Pflege dessen, um den er sich sorgt, in gute Hände übergeben hat.

Wenn wir Hospizhelfer gefragt werden, wie viel Zeit wir in der Sterbebegleitung aufbringen müssen, sind die Fragenden meist verwundert, wenn wir sagen: „Zunächst reicht es meist, wenn wir ein oder zwei mal in der Woche für ein, zwei Stunden kommen." Das scheint so wenig. Aber es bedeutet denen, die sonst ständig zur Verfügung sein müssen, viel. Es gibt ihnen das beruhigende Gefühl, sich eine Verschnaufpause gönnen zu dürfen, eine Zeit, in der sie für sich selbst sorgen und mal einfach für sich allein sein können oder einen Freund besuchen oder zum Friseur gehen, Sport machen, oder was ihnen sonst noch gut tut.

Sicher, gegen Ende wird unsere Arbeit in der Hospiz-Sterbebegleitung fast immer wesentlich zeitintensiver. Das Prinzip aber ist dabei das gleiche: denen, die für den Sterbenden sorgen, eine Zeitspanne zu geben, in der sie für sich selbst da sein und dadurch wieder Kräfte sammeln können.

Menschen in helfenden Berufen sind mehr als alle anderen vom Ausbrennen, vom Burnout-Syndrom, bedroht, und im selben Zusammenhang nicht nur sie, sondern auch die pflegenden Angehörigen. Sie alle haben einiges gemeinsam:

Es wird fast selbstverständlich von ihnen erwartet, dass sie emotional überdurchschnittlich belastbar sind, dass sie sich zugewandt und positiv gestimmt dem Schwerstkranken widmen, gleich, wie ihnen zu Mute ist, dass sie ihre eigenen Wünsche zurückstellen, während sie dem Wohl und den Anliegen dessen, der ihnen anvertraut ist, auf allen Ebenen den Vorrang geben, ob es sich nun um physische Bedürfnisse handelt, um soziale, psychische oder geistliche. Meist wird automatisch erwartet, dass sie ganz da sind für den anderen, stets erreichbar und verfügbar. Das alles wird oft als selbstverständlich angenommen, und – was es noch schlimmer macht: sie selbst haben fast unweigerlich die gleichen Erwartungen an sich. Und wenn sie diesem Selbstbild nicht entsprechen – oder der Vorstellung, die andere damit verbinden –, empfinden sie es als Versagen und fühlen sich schuldig.

Am Anfang der Spirale in den Burnout steht immer ein zu hohes Ideal, ein Idealismus, der nicht realistisch, in seinen Ansprüchen nicht erreichbar ist.

In einem Fortbildungsprogramm über neun Monate zum Thema „Leben bis zuletzt, Umgang mit Sterbenden" habe ich als Referentin eine Gruppe von Mitarbeiterinnen aus verschiedenen Pflege-Einrichtungen begleitet. Die Teilnehmerinnen und Teilnehmer waren in ihrem Beruf außerordentlich engagiert und hoch motiviert. Sie alle kannten die Gefahren des Ausbrennens aus eigener Erfahrung und auch aus der Beobachtung im Umfeld nur allzu gut. Sie verstanden sehr rasch, dass gerade dieses zu hoch angesetzte Idealbild, das auch untrennbar zu ihrem professionellen Selbstbild gehörte, die Wurzel dieser unheilvollen Burnout-Spirale ist, und dass sie dem ein anderes, gesundes, realisierbares Bild entgegensetzen sollten. Aber wie müsste das aussehen? Und könnte es dann auch wirklich widerspruchslos dem Ideal der aufopfernden Diakonisse entgegengestellt werden, das ihnen bisher als Leitbild vorgezeichnet worden war? Dienen, das war es doch, wozu sie sich verpflichtet hatten!

Ich hatte einen Moment lang das Gefühl, als sei auch ich wie gelähmt, hilflos diesem Anspruch ausgesetzt, der so edel, so sehr auch von religiös fundierter Opferbereitschaft, von christlichen Idealen geprägt schien. Aber plötzlich sprang das Bild um: Ich identifizierte mich nicht mehr mit der Rolle der Pflegenden, Dienenden, sondern sah mich als diejenige, die hilfsbedürftig ist und angewiesen auf einen Menschen, der mir „dient". Und ich hatte ein höchst drastisches Gefühl von Unbehagen, als ich mir vorstellte, wie ein Mensch aufopfernd bis zur Selbstaufgabe an meiner Seite wäre.

Ich stellte mich neben die große Flip-Chart, zückte einen dicken roten Filzstift und fragte: „Wie würden Sie selbst sich denn einen Menschen wünschen, der Ihnen – in gutem Sinn – dient? Welche Eigenschaften sollte dieser Mensch haben, wie sollte er aussehen, wie wünschen Sie sich seine Ausstrahlung ...?"

Von diesem Augenblick an schien es, als wäre eine dunkle Wolke verschwunden, die bis dahin alle Energien gedämpft hatte, als wäre eine fatalistische Ergebenheit prickelnder Lebendigkeit gewichen, und in Windeseile entstand diese Liste:

So wünsche ich mir eine Pflegerin, eine Helferin, die mir dient:

- Ich wünsche sie mir bunt – im Denken –, aber auch die Kleidung sollte nicht trist sein!
- Sie sollte lebendig sein, wobei sie nicht krampfhaft versuchen sollte, sich „ausgeglichen" zu zeigen, sondern sie sollte auch ihre eigene Entwicklung mit dem dazugehörigen Auf und Ab leben.
- Es wäre wichtig, dass sie selbstbewusst ist, und eben nicht selbstlos bis zur „Ich-losigkeit".
- Nicht mit diesen verzweifelt aufeinandergebissenen Zähnen: „Ich schaff' das schon" sagen, sondern ehrlich auch darin sein, dass ich weiß, warum sie hin und wieder ihre Pause braucht.
- Humor sollte sie haben, sodass sie manches auch von der heiteren Seite sehen und sich selbst mal auf den Arm nehmen kann.
- Sie soll Zeit haben, sich zu pflegen und für ihre eigene Gesundheit und ihr Wohlbefinden zu sorgen – damit ich mir nicht zu

meiner eigenen Hilflosigkeit noch ein schlechtes Gewissen oder Sorgen um sie machen muss.

- Sie sollte ein erfülltes Privatleben haben und nicht ihr ganzes Sein nur aus der Sorge für einen Sterbenden definieren.
- Ich fände es schön, wenn sie aus einem fröhlichen sozialen Umfeld käme, von dem sie mir manchmal erzählt, sodass ich mal etwas anderes höre als Krankheit, Medikamente, Salben und Verbände.
- Sie sollte mitfühlend sein, ohne gleich mitzuleiden.

Die Liste wurde immer länger, und sie enthielt lauter Elemente, die alle Teilnehmerinnen als Eigenschaften begrüßten, die sie frohgemut anstreben wollten. Von dieser Zeit an war ihnen klar, dass sie sich nicht mit einem zu hohen, zu edlen, aufopfernden Ideal herumplagen müssen. Denn das würde nicht nur ihnen selbst nicht gut tun, sondern sich auch für diejenigen, die sie pflegen, höchst unangenehm anfühlen, – falls sie dieses Idealbild überhaupt je erreichen sollten ..., bevor sie dann über kurz oder lang darunter zusammenbrächen.

Um uns die Zeit zu gönnen, gerade während einer Sterbebegleitung für uns selbst zu sorgen, und dabei kein schlechtes Gewissen zu haben, ist der barmherzige Samariter also ein gutes Vorbild.

Aber es gibt noch eine andere Hinsicht, die zum Thema Selbstsorge gehört, die zumindest andeutungsweise in dieser Geschichte enthalten ist, nämlich die Fähigkeit (oder bei den meisten typischen Helfern vielmehr die Unfähigkeit), sich selbst helfen zu lassen, ja, möglichst klar um Hilfe zu bitten, wenn sie diese brauchen. Helfer sind fast immer Menschen, die nicht einmal merken, wenn sie sich helfen lassen sollten. Wenn von außen das Angebot kommt, etwas für sie zu tun, werden sie vermutlich ohne nachzudenken schnell antworten: „Danke, das schaff' ich schon allein!"

Ich weiß, wovon ich rede. Ich bin selbst von der Sorte. Und wenn jemand über die „Hilflosen Helfer" sprach, zuckte ich bis vor einigen Jahren noch innerlich zusammen. Ich habe aber einen guten Lehrmeister gefunden, und ich schaue immer wieder auf seine Fotografie, wenn ich meine, ich müsste alles allein schaffen und Hilfe annehmen sei so schwer.

Vor etwas mehr als vier Jahren starb er. Ich habe ihn als Hospizhelferin über eine ungewöhnlich lange Zeitspanne begleitet. Er war in vielfacher Weise pflegebedürftig und er machte es uns allen leicht, ihm zu helfen, und nicht nur das: es war immer ein Vergnügen. Das, was „Hilflose Helfer" sagen, wenn sie nun schon mal in der unglücklichen Lage sind, selbst Hilfe annehmen zu müssen: „Es ist schrecklich, jetzt mache ich Ihnen so viel Arbeit", oder „Ich wünschte, ich müsste Ihnen nicht so viel Mühe machen!", kam ihm nicht einmal in den Sinn. Er war dankbar für alles, was wir für ihn taten, er zeigte uns seinen Dank mit seiner Fröhlichkeit oder mit Sätzen wie „Es ist doch unglaublich, wie ich verwöhnt werde", oder „Sie machen es mir so bequem, das fühlt sich richtig gut an", oder „So viele Menschen, die für mich sorgen, es ist unglaublich!" – Oft merkten wir es vor allem an seinen Reaktionen, wie er sich entspannte, wie er strahlte, wie er dankbar aufseufzte, dass wir ihm gut taten. Das war so einfach. Und wir waren glücklich, dass er unsere Hilfe so leicht annehmen konnte – und uns dazu noch ein Vorbild im „guten Nehmen" gab.

Wenn ich mich heute daran erinnere, gerade an die Momente, in denen ich selbst als Helfende glücklich war durch die Art, wie jemand meine Hilfe annahm, versuche ich gedanklich den Sprung, mir vorzustellen, wie ich – sollte ich eines Tages auch einmal pflegebedürftig werden – es meiner Umwelt leicht machen könnte. Und mit dem Vorbild, das ich inzwischen nicht nur durch diesen einen Patienten, sondern auch von anderen noch, geschenkt bekam, fällt mir dazu inzwischen doch einiges ein, und die Horror-Vision, ich könnte eines Tages ganz auf andere angewiesen sein, verliert ihren Schrecken.

Ich sage inzwischen denen, die in pflegenden Berufen sind, den Angehörigen von Sterbenden, den vielen liebevollen Helfern, auch aus eigener Erfahrung: „Gönnen Sie anderen auch die Freude, Ihnen zu helfen. Sagen Sie, wenn Sie Hilfe brauchen, und freuen Sie sich, wenn aus der Einzelkämpfer-Situation eine Team-Arbeit entsteht."

Denn das ist ein weiterer Segen, der aus der Fähigkeit, als Helfer Hilfe anzunehmen, entstehen kann: ein besseres Miteinander im Umfeld des Sterbenden!

Gerade wenn wir angespannt sind oder schon erschöpft, fällt uns nicht viel ein, um uns nun selbst Gutes zu tun. Deshalb ist es eine lohnende Investition, in fröhlichen, entspannten Zeiten ein „Menu" zusammenzustellen, aus dem wir uns dann bedienen können, wenn wir Nahrung brauchen, eine Liste all dessen, was uns aufbaut, uns heiter stimmt, uns wieder in Kontakt zu unserer Energie, unserer Kreativität bringt, was Vergnügen macht, was die spielerische Seite in uns herauslockt, was unsere innewohnende Weisheit zu Wort kommen lässt, was unserem Körper wohl tut.

So eine Liste kann gar nicht lang und bunt genug sein. Es macht Spaß, sie zusammenzustellen. Meine eigene ist inzwischen vier eng beschriebene Seiten lang, und ich wünsche Ihnen ein mindestens ebenso langes Wohlfühl-Menu, das Sie daran erinnert, wie wichtig es gerade auf dem Weg mit Sterbenden ist, gut auf sich selbst zu achten.

Eine Zeit zum Suchen
und eine Zeit zum Verlieren

Verwirrtheit und Würde

Das durchschnittliche Lebensalter der Menschen hier in der westlichen Welt ist in den letzten Jahrzehnten drastisch gestiegen. Damit geht ein Phänomen einher, das eine besondere Herausforderung für uns geworden ist: Die Zahl der Demenz- und Alzheimer-Kranken ist ebenfalls angestiegen und wächst weiter. So müssen wir uns auch darauf einstellen, einen verwirrten Patienten bis zu seinem Ende zu begleiten.

Solch eine Begleitung unterscheidet sich von dem Weg, den wir mit einem geistig klaren Menschen gehen, in weiten Bereichen nicht allzu sehr. Die Gesetze des einfühlsamen, wohlwollenden Miteinander, die gute Kommunikation, die tragfähig ist, so lange wir den anderen annehmen so wie er ist, die eigene Wahrhaftigkeit, all das ist in jedem Fall ein guter Boden, auf dem wir miteinander gehen können. Eigentlich hat auch und gerade der Weg zum Verständnis alter verwirrter Menschen, den die Amerikanerin Naomi Feil aufgezeigt hat, Gültigkeit für jede Begegnung mit Sterbenden. Die Essenz ihrer Arbeit ist die Validation, die Anerkennung und Wertschätzung der Gefühle des anderen, die Schärfung des Einfühlungsvermögens, um die innere Erlebniswelt des anderen nachzuspüren, sein Selbstwertgefühl zu stärken, und ihm dadurch seine Würde zu bewahren.

Auch die Bedürfnisse verwirrter alter Menschen unterscheiden sich im Tiefsten nicht von denen anderer: Sie wollen ihre spontanen Gefühle ausdrücken, sie wollen wahrgenommen, gesehen, gehört werden, es tut ihnen gut, noch auf irgend eine Weise zu spüren, dass sie wichtig sind, und sie möchten sich, wie wir alle, sicher und geliebt fühlen.

Manchmal erschien es mir, als sei eine geheime Weisheit, ein Sinn dahinter, wenn Menschen beginnen, vergesslich zu werden, dann verwirrt und schließlich hilflos. Bei Alzheimer-Erkrankten empfindet die Umgebung dieses Sterben über Jahre hinweg, erst das psychosoziale, dann das kommunikative, schließlich das psychische und am Ende das körperliche, als schier unerträglich. Und doch scheint genau dies die allmähliche Form des Gehens zu sein, die dieser Mensch sich „gewählt" hat, so seltsam und zunächst schrecklich das vielleicht anmutet. Wenn wir sehen, wie durch das allmähliche Regredieren ein Bereich nach dem anderen ausgeschaltet, ausgesondert, ausgegrenzt wird, bis nur noch das Fühlen bleibt, können wir uns die reziproke Entwicklung ins Gedächtnis rufen, nämlich das Geschehen vor und direkt nach der Geburt: der Embryo, der zunächst nur fühlt, dann bereits im Mutterleib schon hört, das Baby, das dann zu sehen beginnt – und schließlich unser Geist, unser Intellekt, der erwacht. Wenn wir das nun in umgekehrter Reihenfolge bei alten Menschen beobachten, könnte das nicht eine Form der Entwicklung sein, die möglicherweise an ihrem Lebensende einen tiefen Sinn hat? Dass sie in gewisser Weise zum Sterben genauso viel Zeit brauchen wie zum Aufwachsen?

Mir hilft dieser Gedanke, um bereitwillig das zu tun, was verwirrte Menschen als hilfreich und wohltuend empfinden: Sie genau da zu begleiten, wo sie sind, ohne sie in irgend eine andere Realität – unsere Realität – holen zu wollen, ohne ihre Gefühle als nicht wichtig oder gar als nicht wahr widerzuspiegeln. Es wird so auch leichter, einen Menschen, den wir nicht verstehen, anzunehmen, ohne ihn zu beurteilen – oder ohne ihn gar in unseren Gedanken zu verurteilen. Ich kann ihn in seiner Einzigartigkeit sehen, ohne zu vergleichen. Ich kann ihn in seinem Wert und in seiner Würde achten. Und ich kann die vielen Ebenen der Kommunikation leichter entdecken und beschreiten, wenn ich die verbale nicht mehr als die wichtigste sehe.

Natürlich ist der Austausch in Worten zunächst mit Verwirrten noch durchaus möglich, und da gibt es vieles, was wir zum gegenseitigen Verstehen beitragen können. Wenn ein Patient in der Vergangenheit lebt, ist das eben seine Wirklichkeit. Wenn er sagt: heute kommt meine Mutter – und die Mutter ist schon seit Jahrzehnten nicht mehr unter den Lebenden – wäre es unsinnig nun zu sagen: „Überlegen Sie doch, Sie sind jetzt 86 Jahre alt, und wenn Ihre Mutter noch lebte, müsste sie doch mindestens ..." Sie würden damit höchstens noch mehr Verwirrtheit schaffen. Und natürlich verbietet es sich, brutal zu sagen: „Ihre Mutter ist schon seit 20 Jahren tot!" Wir sind vielmehr gut beraten, wenn wir auf die Gefühle eines verwirrten Menschen eingehen, in diesem Fall vielleicht mit der Frage: „Sie sehnen sich nach Ihrer Mutter, ja?" oder „Es wäre schön, wenn sie jetzt hier sein könnte ... oder?"

Was immer an Gefühlen von Angst oder Sorgen, von Zorn oder Schuldgefühlen kommt: Wenn ein Patient in seiner Verwirrtheit versucht, seinen Empfindungen Ausdruck oder Laut zu geben, sollten wir ihm Raum und Zeit dafür geben, ohne zu argumentieren oder etwas zu zerreden. Und wenn wir dem Schweigen begegnen, können wir auch ganz getrost einmal der Stille zuhören. Gemeinsam.

Diese Patienten brauchen zudem mehr Zeit, als es unserem eigenen Rhythmus entspricht. Demenz-Kranke sind durch einen Kommunikationsverlust von Nervenzellen um das vierfache verlangsamt.

Mehr und mehr wird aber die nonverbale Ebene an Bedeutung gewinnen, so dass wir alles, was wir sonst vielleicht wenig beachtet hatten, umso wichtiger nehmen können, und immer auch den Gefühlen nachspüren, die dahinter sein mögen: der Unruhe oder Verzweiflung, oder, oft genug, den Schmerzen, nicht denen psychischer Natur, sondern wirklichen körperlichen Schmerzen, die wir wahrnehmen und lindern helfen können. Auch wenn ein Patient darunter leidet, dass er sich nicht mehr orientieren kann, können wir seine Hilflosigkeit dadurch mindern, dass wir ihn mit Vertrautem umgeben in jeder nur denkbaren Weise. Das beginnt bei der gewohnten Umgebung, die wir wenn möglich nicht aus Überlegungen der besseren pflegerischen Organisation heraus umgestalten sollten. Auch der Tagesablauf sollte möglichst nicht verändert werden. Und dann ist für Verwirrte der Halt und die Sicherheit durch vertraute Menschen wichtig. Alles Fremde kann ängstigen, so eben auch ein ständiger Wechsel der Bezugspersonen. Wir können zumindest versuchen, dafür zu sorgen, dass gerade diejenigen, die einem verwirrten Patienten besonders nahe sind, eine Verwandte oder die Pflegerin oder der Enkel, möglichst auch diejenigen bleiben, die besonders häufig für ihn da sind.

Und wir können das Vertraute im Wiederholen von Ritualen suchen, die ihn beruhigen können, Liedern, die er immer schon liebte, Gebeten, die ihm auch in der Kindheit schon die Ängste vertreiben halfen. Und in Gegenständen, die Geborgenheit oder Verlässliches für ihn bedeuten, das kann ein Wollschal sein oder ein Stein, ein Kuscheltier, ein Rosenkranz, ein kleines Kissen. Irgend etwas, was eben gerade für diesen Menschen Halt und Geborgenheit bedeutet.

Ein Bedürfnis, das bei verwirrten Patienten meistens noch erheblich zunimmt, ist der Wunsch nach Bewegung. Wir selbst wissen, wie unwillig, ja fast verzweifelt es uns macht, wenn wir unseren Bewegungsdrang gestoppt oder ausgeredet bekommen, oder wenn wir einfach keine Gelegenheit haben, ihn auszuleben. Dieses Bedürfnis ist bei diesen Patienten nicht als Unruhe zu deuten, die womöglich noch medikamentös unterdrückt werden sollte. Es gilt vielmehr, Möglichkeiten zu suchen, um dem Bewegungsdrang Raum zu geben.

Einen besonderen Weg aus Zeiten der Verzweiflung können wir mit Verwirrten immer in dem Gedanken suchen, dass unter dem vielen, das wir nicht verstehen und nicht nachvollziehen können, immer noch die Sehnsucht nach Integrität ist, eine Sehnsucht, die auch viele Sterbende mehr oder weniger bewusst als letzte Lebensaufgabe sehen. Das kann in der Begegnung mit verwirrten Menschen zum Beispiel ganz einfach bedeuten, dass wir sie immer mit ihrem Namen ansprechen – wenn sie sich mit ihrem Nachnamen nicht mehr identifizieren, dann mit ihrem Vornamen – und sie natürlich weiter siezen, wenn das in unserer Beziehung zu ihnen die gewohnte Anrede war. Und dass wir in der Hinwendung zu ihnen sie berühren, die Hand auf ihre Schulter legen, wenn wir mit ihnen sprechen, oder ganz leicht auf ihren Ellbogen.

Vielleicht können wir auch verwirrten Patienten Zärtlichkeit und Nähe und Berührung geben. Aber wir werden bei manchen merken, wie wichtig es ihnen ist, Nähe auch abwehren zu können. Wenn wir ihnen immer mit Blickkontakt begegnen, also nicht von der Seite oder von hinten an sie herantreten, und eine Berührung langsam und deutlich genug beginnen, werden wir spüren, ob wir wirklich willkommen sind. Es kann für einen Patienten leichter sein, ohne Worte „Nein" zu sagen, wenn wir nicht unsere Hand auf seine legen, sondern umgekehrt, unsere unter die seine schieben. Das lässt ihm mehr Freiheit.

Eines der Bedürfnisse nämlich, die bis zum Schluss erhalten bleiben, gehört zum Kern der Persönlichkeit: das Bedürfnis, „Nein" sagen zu können. Und das: „Ich" sagen zu können. Wenn nicht mit Worten, dann doch in Haltung, Mimik, und Gesten.

Der beste Schlüssel zu einer guten Beziehung zu Demenz- oder Alzheimer-Patienten ist sicher unsere eigene Echtheit und Redlichkeit. Wenn wir nicht kongruent, nicht in uns selbst wahr und stimmig sind, kann das die Verwirrtheit eher verschlimmern, denn die Sensibilität für die Atmosphäre bleibt den Patienten erhalten. Sie nehmen die „falschen Töne" deutlicher wahr, als wir glauben, und leiden darunter. Davon abgesehen fühlen wir selbst uns rasch genug ebenfalls verunsichert und unglücklich, wenn wir versuchen, eine Rolle zu spielen statt wir selbst zu bleiben.

Wichtig ist es also, die Welt des anderen als seine Realität zu spüren und zu achten und sie ihm zu lassen, ja, ihn in ihr zu unterstützen.

Ein Beispiel, das ich selbst erlebt habe, zeigt vielleicht, wie wir die Grenze zwischen Einfühlung und eigener Wahrhaftigkeit ganz gut einhalten können.

Eine verwirrte Patientin, die ich bis zu ihrem Tod begleitet habe, hörte in den letzten Wochen vor ihrem Tod plötzlich Musik, die eben nur für sie selbst hörbar war. „Hören Sie es denn jetzt?", fragte sie mich dann manchmal, und ich sagte wohl: „Nein, ich höre es nicht, aber es ist schön, dass Sie sie hören. Was ist es denn für Musik?" „Ach, so schöne", sagte sie meist nur und lauschte weiter. So einfach war das. Ich habe ihr weder ihre Freude an dem, was sie wahrnahm, genommen oder ausgeredet, noch habe ich meine eigene Wahrhaftigkeit verlassen, indem ich womöglich so getan hätte, als hörte ich ihre Musik. Wir blieben in Kontakt, voller Einmütigkeit und Harmonie, und ich genoss zwar nicht das, was sie hörte, wohl aber ihr offensichtliches Glücksgefühl.

Gefühle teilen und mitempfinden, schafft mehr emotionale Wärme und Nähe als vieles andere, und es wird meist recht einfach, wenn wir uns neben den verwirrten Patienten setzen – gedanklich und auch buchstäblich. Und für eine Weile ganz vorbehaltlos die Welt mit seinen Augen sehen.

Eine Zeit zum Suchen
und eine Zeit zum Verlieren

Kinder begleiten Sterbende

Wenn wir uns fragen, ob wir Kinder in der Nähe Sterbender dulden sollten, ist mit dieser Frage bereits eine Problematik ausgesprochen, die sich in den letzten hundert Jahren allmählich fortschreitend – in den verschiedenen Regionen unseres Landes in unterschiedlicher Weise – ausgebreitet hat: Es ist nicht mehr selbstverständlich, dass Kinder teilhaben am Geschehen des Abschiednehmens und Sterbens. Es ist nicht mehr selbstverständlich, dass sie auf ihre ganz eigene Weise dem, der geht, gut tun können, und dass sie die einmalige Chance bekommen, ihrerseits ein wichtiges Stück Leben zu lernen durch die Begleitung Sterbender.

In den Fortbildungs-Seminaren, die ich zum Thema Tod und Sterben halte, stelle ich meistens in der Anfangs-Runde, in der wir uns vorstellen und kennen lernen, die Frage: „Welche Erfahrungen haben Sie in Ihrem Leben schon mit Tod und Sterben gemacht – privat und beruflich?" Die Berichte dazu nehmen immer weit mehr Raum und Zeit ein, als es sich die Teilnehmer zunächst dachten, und durch die Aufmerksamkeit, die wir miteinander teilen, entsteht viel Nähe und Verständnis untereinander.

Was dabei immer – ausnahmslos – bisher deutlich wurde, ist, dass diejenigen Erlebnisse aus der Kindheit im Zusammenhang mit dem Tod von Angehörigen oder Freunden als besonders traumatisch geschildert werden, die ein Mit-Erleben ausgeschlossen hatten. Wenn also die Eltern ein Kind in der Zeit, als der Großvater im Sterben lag, zur Tante in eine andere Stadt geschickt haben, womöglich gar bis nach der Beerdigung. „Dann kam ich nach Hause und der Großvater war einfach weg. Verschwunden. Und ich kriegte auch keine richtige Antwort, wenn ich fragte. Und wenn die Erwachsenen sagten, er sei jetzt im Himmel, war das für mich nicht nur nicht vorstellbar, sondern hat mir auch in meiner Ratlosigkeit und Suche überhaupt nicht geholfen. Und diese Ratlosigkeit ist geblieben, wenn ich ehrlich bin, eigentlich bis heute."

Oft geraten Kinder dann auch in unlösbare Konflikte, fühlen sich am Verschwinden des Verstorbenen schuldig, weil sie, bevor sie weggeschickt wurden, unfreundlich zu dem waren, der da weggegangen ist – wohin auch immer. Oder sie waren ungezogen, haben irgend etwas ausgefressen, und denken: Das ist jetzt die Strafe. Sicher, solche Gedanken können auch auftauchen, wenn Kinder das Sterben miterleben dürfen. Aber dann ist es doch wenigstens möglich, solche Ängste in der Situation zu besprechen, in der sie dem Kind das Leben schwer zu machen beginnen.

Ein Abschied vom Sterbenden, möglichst noch mit der Chance, über das zu sprechen, was das Kind bedrückt, ist eine heilsame Erfahrung, die sich auf die Einstellung zum Tod auswirkt – ich behaupte sogar: für den Rest des Lebens.

Sicher, es gibt Phasen des Sterbens, die erschreckend sein können. Kampf mit Schmerzen, Aggression und Zorn, Zeiten, in denen jemand noch kurz vor dem Ende voller Ungerechtigkeit ist oder mit seinen Zweifeln oder Ängsten ringt. Dann ist es besonders wichtig, zu überlegen, wie wir Kindern so etwas vermitteln und auf einfache Weise helfen können, dass sie verstehen, dass es ja auch bei der Vorbereitung zu einer Reise mit viel Durcheinander und Hin- und Herüberlegen, mit Rumschimpfen und Rausschmeißen von Überflüssigem aus dem Gepäck noch eine Menge Stress geben kann, und dass der, der da so unruhig ist und manchmal schwer auszuhalten, einen viel schwierigeren Aufbruch vor sich hat. Vielleicht können wir sogar mit den Kindern gemeinsam überlegen, was ihm helfen, was ihm gut tun könnte.

Auch selbst, wenn ein Patient, eine Patientin trotz der besten Schmerztherapie doch noch leidet, können wir mit den Kindern sprechen: Ist es gut, wenn wir besonders leise sind, oder wenn wir versuchen, die Schmerzen weg zu streicheln, oder wenn wir das Fenster aufmachen, damit die Sonne ins Zimmer kommt, oder etwas malen, was für kurze Zeit wenigstens Freude macht beim Anschauen und dadurch ablenkt, oder ..., ach, Kinder sind meistens darin viel kreativer und phantasievoller als wir.

Ich habe diese Beispiele gewählt, um zu zeigen, dass Kinder auch dann nicht ausgeschlossen werden sollten, wenn das Sterben nicht gerade sanft und mit verklärter Ergebenheit vor sich geht. Wenn aber nun nicht Qualen oder Unruhe oder Ängste das Miterleben schwer machen, sollten wir schon gar den Kindern die Chance geben, langsam Abschied nehmen zu können, sodass sie noch etwas fragen, sich noch etwas erzählen lassen können und dass sie mit eigenen Augen sehen, wie jemand, der immer kleiner und schwächer und hilfloser wird, dann irgendwann in die Ruhe gehen möchte.

Wichtig ist, dass wir uns Zeit nehmen, immer wieder, um mit den Kindern in dieser Situation zu sprechen. Und dass wir selbst authentisch bleiben: dass wir, wenn wir traurig sind, nicht die Tränen verdrängen und tun, als sei alles in bester Ordnung. Dass wir unsere Ratlosigkeit zugeben, wenn wir den Sterbenden nicht verstehen. Dass wir auch unserer Erschöpfung Raum geben, vielleicht sogar, indem wir ein Kind bitten, mal eine viertel Stunde bei der schwerkranken Großmutter zu bleiben.

Wir haben jetzt nur vom Tod alter Menschen gesprochen, einem Tod, der Kindern sicher leichter zu vermitteln und mit ihnen zu erleben ist, als wenn es sich um einen jüngeren Menschen handelt, eine geliebte Patentante zum Beispiel, oder ein Schwesterchen, oder einen Klassenkameraden. Nicht nur für sie ist das ein besonderes Thema, sondern auch für uns, sodass es dazu eine Reihe von Büchern gibt, die sich dieser Problematik mit besonderer Sorgfalt widmen. Das, was aber gerade ein so schlimmes Ereignis für Jahre und Jahrzehnte fast unerreichbar für jede Art der Aufarbeitung macht, was als Trauma die Kinder bis weit ins Erwachsenen-Alter verfolgt, wird dadurch verursacht, dass sie nicht teilhaben können am Schmerz der Umgebung, dass sie alleingelassen werden mit ihren Ängsten oder Phantasien, dass sie nicht einmal bei der Beerdigung dabei sein dürfen, um wenigstens so einen Abschied zu erleben, aus dem sie nicht ausgeschlossen sind.

Die Gespräche mit Kindern während des Sterbens sind ungemein wichtig. Sie müssen nicht hochphilosophisch sein. Wir müssen auch nicht tun, als verstünden wir das, was eben meist ein Geheimnis bleibt, oder als hätten wir die gültige Antwort auf Fragen, die uns vielleicht ein ganzes Leben lang beschäftigen werden, bis wir dann selbst an der Schwelle stehen. Wir müssen uns keinen Druck machen, Erklärungen abzugeben für Geschehnisse, die unerklärbar sind. Aber wir müssen bereit sein, die Fragen der Kinder anzuhören. Und sie vielleicht sogar an die Sterbende, den Sterbenden weiterzugeben.

Ich möchte Ihnen Mut machen, nicht auszuweichen, keine Angst davor zu haben, den Kindern die Realität von Sterben und Tod zuzumuten. Und ich möchte Ihnen auch Mut machen, die Kinder noch ans Bett des Verstorbenen zu führen, um ihnen die Möglichkeit zu geben, ihn zu berühren, ihm noch Worte zu sagen, die ihnen wichtig sind, und um zu sehen, wie jetzt eine andere Seinsform begonnen hat. So kann sie das Erleben dieser Realität etwas verstehen lehren – ohne viele Erklärungen.

Wenn die Eltern, während ein Verwandter stirbt, und auch danach, bis nach der Beerdigung, einfach zu wenig Zeit und emotionale Kapazität zur Verfügung haben, um sich auch noch gut um die Kinder kümmern zu können, sollten sie Ausschau halten nach einer anderen Bezugs-Person, einer Tante, einem Patenonkel, der Mutter eines Schulkameraden, irgend einem vertrauten Erwachsenen, und diesen dann direkt bitten, im geschilderten Sinn für sie da zu sein. Die Zeit für ein kurzes Vorgespräch sollten Sie sich unbedingt nehmen, damit nicht verschiedene Botschaften oder Erklärungen die Kinder nur verwirren. Auch über Anregungen sollte gemeinsam mit ihnen nachgedacht werden, ob die Kinder vielleicht etwas für den Sterbenden malen oder basteln können, oder etwas dichten oder ein Lied erfinden, etwas, was sich auf den Abschied bezieht oder auf Erinnerungen an eine wichtige Geschichte zwischen dem Sterbenden und den Kindern, und was später in die Beerdigungs-Rituale mit hineingenommen werden könnte. Ein kleines Mädchen hat zum Beispiel aus buntem Seidenpapier viele, viele Blüten ausgeschnitten und gefaltet, dann einen Faden durchgezogen, und die so entstandene Girlande um das Bett des Verstorbenen gelegt. Dieses federleichte Gebilde hat sie dann später am Friedhof mit ins Grab schweben lassen. Kinder sind so kreativ, wir müssen ihnen nur Zeit und Raum geben. Fast immer sind sie uns in ihrem gestalterischen Ideenreichtum überlegen. Auch in Bezug auf stimmige Symbole, die sie für das Geschehen von Abschied und Trauer finden.

Wenn wir im Erwachsenenalter nach Geschichten aus unserem eigenen Erleben suchen, die uns Abschied und Sterben verständlicher werden lassen, wird die erste Konfrontation mit dem Tod immer im Vordergrund bleiben. Wenn wir nach Bildern suchen, die uns intuitiv auf gute Weise mit diesem Thema umgehen lehren, werden wiederum die frühesten Erinnerungen dominant sein. Wie dankbar können wir sein für alles Heilsame, das wir in einer solchen Rückschau vorfinden. Die gegenteilige Erfahrung aber, die wohl häufiger ist, kann uns immerhin darin bestärken, Kindern in unserem Umfeld etwas anderes zu vermitteln als das, was uns selbst den Zugang zu dieser Thematik schwer gemacht hat.

Eine Zeit zum Behalten
und eine Zeit zum Wegwerfen

Wege durch die Angst

Elisabeth Kübler-Ross hat die Phasen beschrieben, durch die Sterbende gehen. Sie ist damit nicht die erste oder gar einzige. Aber sie hat diese Prozesse wohl am ausführlichsten dargestellt und wird nach wie vor mit ihren entsprechenden Definitionen in Verbindung gebracht, wenn die Rede darauf kommt.

So können wir also davon ausgehen, dass auf die Diagnose „Sie sind unheilbar krank, Ihre Lebenszeit ist begrenzt" in der Reaktion eines Patienten diese Elemente von Verleugnen, Aggressivität, Verhandeln, deprimierter Verstimmung und Annahme auftauchen können.

Mir sind in diesem Zusammenhang zwei Aspekte ganz besonders wichtig:

Zum einen, dass es ganz gewiss hilfreich ist, uns die Möglichkeiten dieser psychischen Situationen vor Augen zu führen, um zu wissen, was uns auf dem Weg mit Sterbenden begegnen kann. Auch ahnen zu lernen, wie eine jede dieser Phasen sinnvoll ist in ihrer ganz eigenen Weise, und uns im Vorfeld Gedanken darüber zu machen, wie wir auf heilsame Weise damit umgehen können.

Zum anderen aber kann ich nie deutlich genug die Erfahrung ins Bewusstsein rufen, dass die Abfolge dieser Zustände oder Gefühle nie linear verläuft, niemals nach irgend einer vorhersehbaren Reihenfolge, und nie davon ausgegangen werden kann, dass auch alle diese Emotionen auftauchen werden auf dem Weg, den ein Mensch geht, wenn er sich seiner Endlichkeit bewusst geworden ist.

Es gibt Autoren, die die Phasen graphisch wie ein Rad darstellen, ein Gefühlsrad, das sich mehr oder weniger schnell dreht. Dadurch haben wir vor Augen, wie auch die Dauer der jeweiligen Reaktionen nicht vorhersehbar ist. Immer noch legt dieses Bild aber nahe, es gäbe ein bestimmtes Nacheinander, das absehbar wäre, ja, nicht nur das, sondern als kämen diese Zustände bei jedem irgendwann zum Tragen. Das ist aber auch nicht immer der Fall.

Die Beschreibungen dieser Momente im Sterbeprozess können den Begleitenden helfen, sich zu orientieren und manches einzuordnen. Der Einfachheit halber beginnen wir bei der Betrachtung dieser Stationen mit derjenigen, die in Krisen, in Trauer und in der Konfrontation mit schmerzhaften Extrem-Situationen doch fast unweigerlich als erstes auftritt: dem Schock.

Unser Körper und unsere Psyche haben eine eigene Strategie, das abzufedern, was im Augenblick einfach zu schwer zu verkraften wäre, was uns physisch oder seelisch absolut überfordern würde, wenn wir es ungefiltert an uns heranließen: Wir spüren einfach erst einmal gar nichts. Ein Mensch, dessen Bein bei einem Autounfall abgefahren wurde, fühlt zunächst nichts. Da ist, trotz der grauenvollen Verletzung, nicht der geringste Schmerz. Der kommt erst eine geraume Zeit später. Und dass das so ist, lässt auf einen wunderbar weisen Schutz-Mechanismus in uns schließen.

Ganz ähnlich reagiert unsere Psyche auf das, was so ungeheuerlich ist, dass wir verrückt würden, dass unsere Seele unwiederbringlichen Schaden erlitte, wenn es diese Schutzzone nicht gäbe. Von dem, was uns zugemutet wird, nehmen wir erst einmal nichts wirklich wahr. Wir erkennen es nicht als Realität.

Wenn es also darum geht, dass ein Patient durchaus im Besitz aller Details ist, die ihm seinen nahen Tod vor Augen führen könnten, ja, manchmal sogar, wenn er selbst darum gebeten hat, dass man ihm die absolute Wahrheit schonungslos sagt, und diese Bitte dann auch vom Arzt erfüllt wurde, ist es durchaus möglich, dass er – für uns irrational – sagt: „Das stimmt nicht. Das ist ein Irrtum. Ich weiß es besser, es ist nicht so wie da behauptet wird."

Im Wissen um den Sinn dieser aktiven Verweigerung, von Verdrängung und Aufschub, gibt es eines, was wir nun sicher nicht tun, nämlich: ihn sanft und bestimmt auf die Realität dessen hinweisen, was er nicht wahr haben will. Und wir werden schon gar nicht versuchen, das, was wir als unvernünftig in seinem Verhalten empfinden, unsererseits mit „vernünftigen" Argumenten zu kommentieren.

Wir wären damit gewiss keine Hilfe, ja, wir würden eine heilsame Reaktion stören, die einfach ihre Zeit – und wie lange die dauert, ist nicht vorhersehbar – braucht. Andererseits müssen wir auch nicht so tun, als wären wir ganz seiner Meinung, denn wir wären damit nicht nur unredlich, sondern würden ihn auch nicht ernst nehmen, ihn wie ein Kind behandeln, dem wir sagen: „Ja, ja, du hast schon Recht" und dabei denken: „Ich weiß es aber besser!"

Wir können jemand in solchen Zeiten sicher gut tun, wenn wir bereit bleiben zum Gespräch, wenn wir abwarten, ohne eingreifen zu wollen, und wenn wir einfühlsam beobachten, so dass uns die Entwicklung nicht entgeht, die sich irgendwann auf die Wahrheit hin bewegt. Dann gibt es langsam auch Möglichkeiten, diese Erkenntnis-Schritte behutsam zu bestätigen, und nun dem Sterbenden auf dem Weg hinaus aus der schützenden Taubheit ein Gefühl von Sicherheit zu geben.

Irgendwann kann es zu einer anderen Form der Verweigerung kommen, die uns als Begleiter manchmal erschreckt und ängstigt, denn sie geht mit Aggressionen einher, mit Wut und Zorn und einer Heftigkeit der Emotionen, die sich gegen alle und alles richtet, Vorwürfen gegen Gott und das Schicksal: „Warum ausgerechnet ich!? Irgendwelche miesen Typen leben gesund und in Freuden, und ich, ich habe keinem etwas zu Leide getan, und soll jetzt sterben!? Warum!?" Es kann sein, dass diese Patienten dann tagelang herumnörgeln, nichts ist ihnen recht zu machen. Dann entladen sich grundlose Anschuldigungen gegen die Ärzte, die „alles falsch gemacht haben" oder „die Krankheit nicht rechtzeitig erkannt haben", gegen die Pflegenden, und gegen die Angehörigen und die nächsten Freunde. Die Beschuldigungen gehen manchmal so unter die Gürtellinie, sind so verletzend, dass es nicht leicht ist, es mit dem Schwerstkranken in dieser Zeit auszuhalten.

Aber Aushalten ist das, was wir tun können. Und damit wir dabei nicht selbst zu Schaden kommen, ist es wichtig, dass wir uns immer und immer wieder vor Augen führen, dass da jemand nicht gegen uns wütet, sondern gegen seine Krankheit, gegen seine Endlichkeit, gegen seine Ängste, gegen sein Ausgeliefertsein. Die Vehemenz mit der er das tut, hilft ihm, diese schwierige Wegstrecke mit Kraft und einer Energie zu bewältigen, die sich eben in solcher Heftigkeit ausdrückt.

Es hilft uns, wenn wir alles, was immer auch in diesen Zeiten auf uns hernieder bricht, nicht persönlich nehmen und auch den Patienten nicht für sein verletzendes Verhalten verantwortlich machen, denn das würde nur unsere Beziehung zu ihm zerstören. Was wir brauchen, ist hier viel Geduld und ein unerschrockenes Bejahen dessen, was in der Entwicklung des Sterbenden gerade durch diese Phase gefördert wird. Das heißt also auch, ihn in seiner Wut, in seiner ohnmächtigen Aggression so gut wir können zu unterstützen. Es gibt dafür einerseits die Möglichkeit, ihn verbal zu bestätigen: „Du hast recht, es ist furchtbar, was dir geschieht. Da kann einem wirklich zum Schreien und Toben zu Mute sein." Wir können helfen, dass er negative Gefühle äußert und Worte für seine Ängste findet, die stark genug sind, um sie spürbar zu machen. Oder wir können auch das, was wir an körperlichen Äußerungen von Erregung und Zorn beobachten, unterstützen, etwa, wenn er bei seinen Beschimpfungen automatisch immer wieder mit der Faust auf die Bettdecke einschlägt, ihn auffordern, stärker zu schlagen, „Ja. Gut. Schlag mal richtig drauf ..." oder wenn er die Faust ballt, die eigene Hand darum legen und den Druck verstärken. Das alles ist natürlich sehr abhängig von dem Verhältnis, das sich zwischen Ihnen aufgebaut hat. Nicht immer ist es angebracht, ihn auf diese Weise aktiv zu unterstützen. Aber das Gefühl, dass er ein Recht hat auf seine heftigen Emotionen, sollten wir ihm geben. Fast nie kann es förderlich sein, ihn zu beruhigen oder zu besänftigen. Gerade wenn wir uns insgeheim wünschen, dass Ruhe und Frieden einkehren soll, ist es besser, den Patienten in seinen Emotionen, die da in solcher Heftigkeit zu Tage treten, zu unterstützen und zu fördern.

Das Thema „Aggressivität" scheint mir so wichtig, dass ich ihm ein eigenes Kapitel gewidmet habe (Seite 156).

Es gibt noch eine dritte Art der Verweigerung, die sich – ähnlich wie die aktive und die aggressive Form – gegen die Einsicht in die unausweichliche Realität wendet, allerdings nur partiell, denn der Erkenntnis dessen, was auf den Patienten zukommt, kann er nun nicht mehr ausweichen. Zwischen sich selbst und die Annahme der

Wahrheit aber schiebt er nun Aktivitäten, die seine Hoffnung nähren sollen. Dazu gehört typischerweise das Verhandeln, ja, fast so eine Art von Feilschen mit Gott und der Welt. „Vielleicht muss ich doch nicht sterben, wenn ich das tue, was Er von mir will, – wenn ich so werde, wie meine Frau es sich immer gewünscht hat, wenn ich mein Leben umstelle ...." Nicht selten suchen hier die Patienten Kontakt zu Wunderheilern, oder unterwerfen sich irgendwelchen alternativen Methoden, von denen sie gehört oder gelesen haben. Eine Patientin, die ich betreute, glaubte, ein besonderer Tee, den sie für horrendes Geld in USA bestellte, würde ihr Leben retten, eine andere ließ sich noch kurz vor ihrem Tod in die Hackethal-Klinik bringen, weil sie glaubte, sie würde dort doch noch geheilt.

Es ist manchmal schwierig, einen Patienten in dieser Zeit so zu begleiten, dass wir zwar verständnisvoll bleiben, uns aber nicht mit unserer Skepsis einmischen oder uns selbst in unrealistischer Hoffnung wiegen. So lange wir ehrlich dieses Dilemma mit dem Patienten teilen, ist das vielleicht die sachteste aber auch die effektivste Unterstützung in einer Realitätsarbeit, der er sich dadurch öffnen kann. Wir selbst geraten weder in Gefahr, ihm die Hoffnung zu nehmen, die er offenbar braucht, noch aber andererseits falsche Hoffnungen zu nähren.

Die Formen der Annahme schließlich unterscheiden sich sehr stark in ihrer Grundstimmung. Diejenige, die meist durch das allmähliche Erkennen der eigenen Situation ausgelöst wird, drückt sich in Depressionen aus und in der Trauer über all das, was nun nicht mehr sein wird, das „Niemals mehr". Aber auch in der Suche nach einem Sinn, in den das Unausweichliche eingebunden sein könnte, der Frage nach dem, was Abschied und Sterben und Tod für eine Bedeutung, für einen Zusammenhang zu diesem Leben hat, das nun zu Ende geht.

Ich habe gelernt, in solchen Zeiten nicht die Trauer wegtrösten zu wollen, denn sie ist der Impuls für eben dieses Suchen, das in geistige, in geistliche Dimensionen strebt. Auf dieser Wegstrecke können wir eher dienlich sein, wenn wir zum Trauern ermutigen, wenn wir Schmerz und Tränen wahrnehmen in ihrer Kostbarkeit.

Es ist eine ganz besondere Wegstrecke, die wir hier mit einem Sterbenden teilen dürfen. Wir können nun vor allem auf zahlreiche persönliche Wünsche, die er äußert, eingehen. Vielleicht möchte er noch die Versöhnung mit einem Menschen erleben, oder er möchte ganz einfach noch einmal den einen oder anderen aus seinem Freundeskreis oder aus der Verwandtschaft sehen. Seine Wünsche sind dabei maßgeblich, nicht die derer, die ihn besuchen wollen. Er ist derjenige, der jetzt bestimmt, welche Begleitung, welche Umgebung, welche Unterstützung die beste für ihn ist. Es kann sein, dass er – um Ordnung in das zu bringen, was er hinterlassen wird – nach einem Notar fragt, oder dass er sich das Gespräch mit einem Seelsorger wünscht.

Ihn bei all dem zu unterstützen und alles möglich zu machen, was ihm wichtig ist, kann zuweilen nicht so ganz einfach sein. Nicht nur wir als Hospizhelfer hatten dabei schon manchmal fast detektivische Arbeit zu leisten, um längst abgebrochene Freundschaften zurückzuverfolgen oder herauszubekommen, wo verschollene Jugendlieben abgeblieben sind.

Aus dem, was ein Sterbender in dieser Zeit äußert, können wir zudem herauszulesen versuchen, was er als letzte Verfügungen für die Zeit nach seinem Tod trifft, um damit dann gewissenhaft umgehen zu können. Ich erinnere mich an Patienten, die mit einer verblüffenden Akribie Anweisungen gaben, wie ihre Beerdigung verlaufen, wer am Grab sprechen sollte. Einmal war da ein schwer zu erfüllender Wunsch nach einem – live von einem Kammerorchester interpretierten – Schubert-Stück, das bei der Beisetzung gespielt werden sollte. Keine leicht zu lösende Aufgabe, denn wenn man schon Musiker findet, die dazu bereit sind – ist gerade dieses Stück in ihrem Repertoire? Und werden sie gerade am Tag der Beerdigung auch Zeit habe? Denn wann die sein würde, war ja nicht voraussehbar!

Die Vielfalt der Dinge, die für einen Sterbenden jetzt noch wichtig sein können, um ihm das Loslassen und das Gehen leichter zu machen, ist groß. Ganz offen und bereit mit all unserer Kreativität für den da zu sein, der beginnt, sich in seine Endlichkeit zu fügen, das bestimmt nun die Grundhaltung in der Begleitung mit all den nicht voraussehbaren Facetten und Möglichkeiten.

In der Zeit der verbindlichen, der bewussten Annahme des nahen Todes schließlich bleibt uns als Wegbegleitern vor allem das Dasein mit dem Sterbenden, das Mit-ihm-Sein, so einfach es klingt – und manchmal sogar ist. Wenn der Patient den Tod als lebens-zugehörig anerkennt, ist viel zurückhaltende Einfühlung und Bereitschaft zur Nähe von uns gefordert. Denn es kann sein, dass wir wirklich nur noch mit unserer Wärme, dem körperlichen Kontakt, mit Streicheln, Halten, Umarmen, im schweigenden Beieinandersein über Stunden oder auch Tage genau das geben können, was auf unausgesprochene Weise heilsam und hilfreich ist.

In all diesen Phasen, in welcher Reihenfolge oder Dauer sie auch auftreten mögen, ist es auf jeden Fall gut, sich bewusst zu bleiben, dass genau das, was jetzt geschieht in der Psyche dessen, der sich auf den Weg macht, absolut sinnvoll ist – und ein Recht hat, durchlebt oder vielleicht auch durchlitten zu werden.

Was genau der Sinn der jeweiligen Phase ist, können wir manchmal ahnen. Zum Beispiel, dass unter dem Schutz von diesem Taubheitsgefühl der Sterbende Kraft sammeln kann für den Weg, ohne vom Schmerz überwältigt zu werden. Dass das Prinzip Hoffnung sich zunächst ganz allgemein auf Heilung ausrichtet, wenn der Sterbende seine Zuversicht noch auf äußere Wunder richtet, um erst später dann sein Vertrauen in das setzen zu können, was unabänderlich ist. Dass das Verhandeln einer Verzögerung dient, um sich erst in der gemäßen Zeit dann auf ein Ziel ausrichten zu können, das eigenes Leid transzendiert. Dass die Aggression noch einmal Leben und Energie spürbar werden lässt, als würde er sich vor dem Loslassen noch einmal in eine extreme Anspannung begeben. Und dass die Depression in der Trauer um das, was er nun aufgeben muss, einen wichtigen Impuls zum Abschiednehmen auslösen kann.

Als Schlüssel für unsere eigene Reaktion, unsere Form der Begleitung, kann dann der Respekt dienen und die Achtung vor diesen ganz unvergleichlichen, einmaligen Wegabschnitten, die für uns manchmal nicht einsehbar, aber doch auf geheimnisvolle Weise stimmig sind.

Eine Zeit zum Zerreißen
und eine Zeit zum Zusammennähen

Widerwille und Einsicht

Es heißt immer, wir lebten in einer Zeit der mitmenschlichen Verarmung, der Kälte und Distanz, einer Zeit, in der Kinder ihre Eltern ins Pflegeheim oder Krankenhaus abzuschieben versuchen, statt sie zu Hause bis zuletzt zu pflegen und zu betreuen. Es heißt, wir Westeuropäer seien gefühlskalt, seien nicht mehr berührbar und hätten einen dicken Panzer um unser Herz gelegt. Ich sehe das anders:

Selbst in der „guten alten Zeit" war es offenbar nicht besser bestellt, wenn es darum ging, die Würde alter oder pflegebedürftiger oder sterbender Menschen zu achten. Sie erinnern sich vielleicht noch an eines der Märchen aus der Sammlung der Brüder Grimm (Bechstein-Grimm-Hauff, Deutsche Märchen. 265 Märchen und Sagen, München 1937ff.):

Der alte Großvater und der Enkel
Es war einmal ein steinalter Mann, dem waren die Augen trüb geworden, die Ohren taub, und die Knie zitterten ihm. Wenn er nun bei Tische saß und den Löffel kaum halten konnte, schüttete er die Suppe auf das Tischtuch, und es floss ihm auch etwas wieder aus dem Mund. Sein Sohn und dessen Frau ekelten sich davor, und deswegen musste sich der alte Großvater endlich hinter den Ofen in die Ecke setzen, und sie gaben ihm sein Essen in ein irdenes Schüsselchen und noch dazu nicht einmal satt; da sah er betrübt nach dem Tisch, und die Augen wurden ihm nass. Einmal konnten auch seine zittrigen Hände das Schüsselchen nicht festhalten, es fiel zur Erde und zerbrach. Die junge Frau schalt, er sagte aber nichts und seufzte nur. Da kaufte sie ihm ein hölzernes Schüsselchen für ein paar Heller, daraus musste er nun essen.

Wie sie da so sitzen, so trägt der kleine Enkel von vier Jahren auf der Erde kleine Brettlein zusammen. „Was machst du da?" fragte der Vater. „Ich mache ein Tröglein", antwortete das Kind, „daraus Vater und Mutter essen, wenn ich groß bin." Da sahen sich Mann und Frau eine Weile an, fingen endlich an zu weinen, holten alsofort den alten Großvater an den Tisch und ließen ihn von nun an immer mit essen, sagten auch nichts, wenn er ein wenig verschüttete.

So war es also in der vielzitierten guten alten Zeit – zumindest war es so auch. Und wie damals, als dieses kleine Lehrstück geschrieben worden ist, können wir auch heute viel daraus lernen.

In dieser Geschichte ist viel verborgen, was uns helfen kann, über das schwierige Thema der Sterbe-Begleitung nachzudenken – und über unsere Vorurteile denen gegenüber, die scheinbar so herzlos mit ihren leidenden Mitmenschen umgehen.

Zum einen herrscht bei diesen beiden Eltern einfach viel Gedankenlosigkeit, bis der kleine Enkel sie da herausholt. Zum anderen kämpfen diese beiden vermutlich auch mit einem Phänomen, das eben nicht so selbstverständlich zu ignorieren ist: nämlich dem Erschrecken vor dem Bild des Alters und des Verfalls, einem Bild, in dem sie sich selbst keinesfalls sehen möchten. Sie kämpfen wohl auch mit dem Ekel vor dem, was sie bei dem alten Mann erleben. Wenn sie nun diesem Bild, vor dem sie davonzulaufen versuchten, wenn sie auch diesem Ekel ausgeliefert geblieben wären ohne das Verstehen, ohne die Einsicht, die ihnen dann schließlich wieder die Kraft zur Liebe zurückgegeben hat, wären sie in der Verdrängung eigener Ängste, in Ablehnung und Abscheu hängen geblieben. Der Schlüssel, den ihnen das Kind gereicht hat, war die Einsicht, die Tür, durch die sie gingen, war die Zuneigung.

Ich habe in diesem Bereich während meiner zweiten Begleitung als Hospizhelferin eine Lektion gelernt, die ich selbst als wunderbar bezeichne, denn ich zähle sie unter die Wunder, die uns in solch einer Arbeit widerfahren können.

Ich muss dazu sagen, dass ich mit einer besonders feinen Nase „geschlagen" bin (oder beschenkt – wie man's nimmt). Als Krankenschwester habe ich in den Arbeitspausen Ketten geraucht, auch, um meinen Geruchssinn abzustumpfen. Mir tun heute die Patienten leid, wenn ich daran denke, wie meine adrette Schwesterntracht gerochen haben muss. Mittlerweile bin ich seit dreißig Jahren Nichtraucherin, mein Geruchssinn ist feiner denn je, und das ist ja auch ganz erfreulich. Nur: Das, was wir mit unserer Nase erleben, wenn wir Sterbenden nahe sind, ist nun einmal nicht immer so, wie wir es uns freiwillig aussuchen würden. Und die Schwerkranken selbst leiden darunter häufig auch. Dass nun aber genau so etwas, von dem wir meinen, es sei „objektiv" und nicht veränderbar: nämlich der Kampf gegen ein Ekelgefühl, sich durch Verstehen und durch Liebe absolut verändern, ja auflösen kann, wissen wahrscheinlich junge Mütter oder Väter, die ihr Baby mit Liebe und Zärtlichkeit wickeln, am besten. Ich habe es in der Sterbebegleitung erfahren.

Diese Patientin, für die ich damals da sein durfte, war mir in kurzer Zeit ans Herz gewachsen. Ich war voller Achtung vor ihrer Art, mit der Unabänderlichkeit des nahen Endes umzugehen, sie war mir in ihrer tiefen Frömmigkeit ein Vorbild geworden, und, je näher ich sie kennen lernte, desto mehr hatte ich sie einfach von Herzen gern. Dieses Wort – „Gern haben" sagt zu wenig: Es war eine der unendlich vielen Facetten von Liebe, die ich empfand. Das begriff ich, als dieses Gefühl mich eines Nachmittags fast zu überwältigen drohte. Ich war so erfüllt von Wärme und Zuneigung und einer Art auch körperlicher Zärtlichkeit, bei allem Respekt, aller Distanz, sodass ich in dieser Frau meine Schwester wusste, meine Freundin, der ich ein Stück weit Weggefährtin sein durfte. Dieser Moment war so heftig, so liebe-erfüllt, dass ich unsere herzliche, selbstverständliche Umarmung heute noch spüre. Und dabei saß die Patientin gerade auf der Bettpfanne!

Ich erzähle Ihnen diese Geschichte, weil ich mich gern an diesen Augenblick und die darin verborgene Botschaft erinnere – und ich erzähle sie Ihnen, um Ihnen Mut zu machen: Es gibt eine besondere, verwandelnde Kraft, die uns fähig macht zu Dingen, die wir uns normalerweise nicht zutrauen. Und dieser Kraft sollten wir immer vertrauen. Wie in dem kleinen Märchen und auch in meinem Erleben: der Kraft des Verstehens, der Einfühlung, des Wohlwollens, der Liebe.

Eine meiner Seminarteilnehmerinnen erzählte von einer Patientin, die durch ihren Gesichts-Krebs so schrecklich entstellt war, dass alle, die zur Pflege kamen, vor Grauen kaum hinschauen mochten. Sie schämten sich, dass sie es nicht fertig brachten, sich ihr wenigstens einigermaßen neutral und selbstverständlich zu nähern, geschweige denn ihr Sympathie und Zuwendung entgegenzubringen. Aber dieses zerstörte Menschengesicht war einfach zu erschreckend.

Als ich fragte: „Wie ging es Ihnen selbst denn mit dieser Patientin?" kam eine Antwort, die ich so schnell nicht vergessen werde: „Ich sah nicht das Gesicht. Ich sah den ganzen Menschen, die Frau, die ich so lange nun schon in unserer Einrichtung kennen gelernt hatte, mit alldem, was ihre Persönlichkeit ausmachte, mit ihrer Lebensgeschichte, von der sie mir erzählt hatte, mit ihrer Verzweiflung und mit ihrem Mut. Ja, seltsam, ich sah das Gesicht eigentlich nicht. Ihre Augen schon ..."

Der Fokus, den wir auf eine Einzelheit richten, die uns stört oder vor der uns ekelt, verstellt uns den Blick auf einen Menschen in seiner Ganzheit, in seiner unzerstörten Persönlichkeit. Es liegt also an uns – den Versuch sollten wir jedenfalls nicht scheuen –, wenn einer unserer Sinne mit Ekel reagiert, diesen Sinn als nur einen von Fünfen rangieren zu lassen, und den Rahmen unseres Blickfeldes zu weiten, damit wir wieder den Menschen in seiner Ganzheit wahrnehmen, den wir auf nur ein Detail reduziert hatten.

Eine Zeit zum Zerreißen
und eine Zeit zum Zusammennähen

Verantwortung teilen

Wenn wir diejenigen sind, die dem Sterbenden emotional am nächsten, oder diejenigen, die als Verwandte tatsächlich die Nächsten sind, oder ganz einfach diejenigen, die die meiste Zeit mit ihnen verbringen, geschieht es leicht, dass wir uns allmählich für alles und jedes verantwortlich und zuständig fühlen.

Wir sehen und hören so vieles, was abläuft, wir nehmen so vieles wahr, was besser sein könnte, wir sind an manchem innerlich manchmal mehr noch beteiligt als der Patient selbst, weil wir es sozusagen aus dem Innenverhältnis mitbekommen, aber doch gleichzeitig beobachtend daneben stehen, auch mit der Sicht von außen. Oft genug geraten wir dann in Gefahr, uns zu überschätzen.

Wenn wir diejenigen sind, in deren Händen die meisten Fäden liegen, liegt darin auch ein gewisses Gefühl von Macht. Und dieses Gefühl ist vielleicht deshalb so verlockend, weil es ein Gegengewicht zu der Hilflosigkeit zu bieten scheint, die uns so schwer zu schaffen macht, wenn wir unsere Ohnmacht gegenüber einem Sterbeprozess spüren, der seine eigenen Gesetze hat, seinen eigenen, für uns unvorhersehbaren Zeitablauf.

In der Begleitung Sterbender kann darin eine Falle für beide liegen, die es schwer macht, einen längeren Weg miteinander zu gehen. Bezugsperson für alles und jedes sein zu wollen – oder schlimmstenfalls auch zu sein, ist nicht heilvoll. Der Anstoß dafür geht durchaus nicht immer vom Begleitenden aus, sondern oft auch vom Patienten selbst. Auch da gilt es, wachsam zu sein, denn einerseits liegt hierin natürlich ein besonderer Vertrauensbeweis, der sich anfühlt wie eine Auszeichnung, andererseits aber macht es das ganze System eng und gefährdet es. Die Gefahr liegt schon allein darin, dass Sie ja nicht dafür garantieren können, dass Sie nicht auch einmal krank werden oder aus einem anderen Grund für eine Zeit ausfallen könnten. Sich unersetzlich gemacht zu haben, kann dann in eine mittlere Katastrophe führen.

Es ist leicht einsehbar, dass es in der letzten Zeit des Lebens nicht angenehm sein kann, wenn eine Vielzahl von unterschiedlichen Menschen in ständig wechselnder Konstellation um den Schwerkranken ist. Diese Situation, die in Krankenhäusern oder Pflegeheimen häufig eintritt, kann quälend werden. Da ist es wichtig, dass der Schwerstkranke wenigstens zwei, drei „Konstanten" um sich hat, Menschen, die ins Innenverhältnis gehören und verlässlich erreichbar sind.

Andererseits darf möglichst nicht das Gegenteil eintreten: dass da nämlich nur ein einziger Ansprechpartner das Innenverhältnis beherrscht.

Ich habe in meiner Hospiz-Arbeit immer und immer wieder erfahren, wie segensreich eine gute Team-Arbeit ist. Das galt nicht nur für die Arbeitsteilung in den Zuständigkeiten für Pflege, psychosoziale Betreuung, Tag- und Nacht-Schichten, medizinische Kompetenz, und viele Einzel-Aspekte mehr, sondern eben auch für die Kommunikation.

Wenn wir bei uns selbst schauen, was wir gern wem anvertrauen, mit wem wir gern welche Themen teilen, werden wir vermutlich entdecken, dass es Menschen in unserem Umfeld gibt, denen wir besonders gern etwas aus unserem Leben erzählen, während das mit anderen unmöglich wäre. Anderen wiederum – und das können manchmal gerade die sein, die uns nicht all zu nah sind – vertrauen wir Geheimnisse an, wir lassen sie sogar in unsere Schatten-Ecken hineinschauen, ohne große Scheu. So wie in Eisenbahn-Gesprächen, die gerade deshalb von solcher Tiefe sein können, weil wir wissen, dass wir dem Gesprächspartner mit Sicherheit nie wieder begegnen werden. Das Vertrauen in Beicht-Gespräche hängt sicher auch mit dieser Erfahrung zusammen.

In diesem Zusammenhang kommt mir noch einmal der Begriff der Demut in den Sinn. Es gehört nämlich wiederum Demut dazu, sich bewusst zu bleiben, dass ich eben nicht für alle Themen, für alle Hinsichten, für alle Bereiche die optimale – oder gar die einzige Gesprächspartnerin bin.

Um mir klar darüber zu werden, ob ich nicht das eine oder andere getrost delegieren sollte an jemand anderen, ist es auch immer wieder gut, nachzuspüren, in welcher Rolle ich für den Sterbenden oder auch für das Umfeld da bin. Ob sich da nicht zu viel angesammelt hat, so dass ich vielleicht für den Sterbenden in mehreren Rollen wichtig geworden bin, für die Angehörigen wiederum in anderen, und ob mich nicht längst diese Ansammlung ganz einfach überfordert.

Wenn Sie sich unter „Rollen" nicht viel vorstellen können, denken Sie doch zunächst einfach an die Rollen von Familienmitgliedern, in die Sie rutschen können: plötzlich sind Sie für einen alten Herren die nie gehabte Enkelin, oder Sie geraten für eine Patientin in die Mutter-Rolle oder die der Tochter. Gerade solche Konstellationen sollten wir genau anschauen, denn es kann hier leicht geschehen, dass wir als „Ersatztochter" einer realen Tochter vorgezogen werden, und dass dadurch familiäre Spannungen aufgebaut werden, die nur schwer „zurückzuhäkeln" sind.

Ich wäre einmal beinahe in solch eine Falle geraten. Ich empfand es natürlich als schmeichelhaft, in dieses so enge Vertrauen gezogen zu werden, mich so nah und wichtig zu fühlen für einen Patienten. Aber ich hätte ihm den Weg zu den eigenen Töchtern – einen Weg, der in letzter Zeit ohnehin nur selten beschritten worden war – versperrt. Also galt es, die Rolle dahin zu delegieren, wohin sie gehörte und wo sie keine „Rolle" war. Für den Vater begann noch eine sehr wichtige Zeit der Begegnungen und dann auch des Abschieds von seinen Kindern, und ich war froh, dass ich mich rechtzeitig zurückgehalten hatte.

Familienrollen gibt es also, aber daneben auch noch eine Vielzahl von Rollen, die sich aus Funktionen ergeben, in denen Sie gefordert sind.

Wir haben in einer Gruppe von zwölf Hospiz-Helferinnen und -Helfern einmal eine Liste aufgestellt, in der wir das gesammelt haben, was in ihrer Arbeit während eines halben Jahres an Rollen vorkam, und wir sind bei über vierzig gelandet.

Die Skala reichte von der Musik-Organisatorin bis zum Chauffeur, vom freudig erwarteten Gast, der Beicht-Mutter, dem Prellbock für verkrachte Familienmitglieder, der Trösterin und der Sitzwache am Bett bis zum Auffangbecken für Aggressionen, der Vermittlerin zwischen den einzelnen in der Betreuung zusammengewürfelten Professionen, und der Pfadfinderin durch das Gestrüpp von Formularen, Anträgen und Behörden-Korrespondenz. Sie waren Boten und Reise-Organisatorinnen, Krisenmanager und Trauerbegleiter, Freundin auf Zeit und Chronist der Lebensgeschichte. Und nicht zuletzt war es immer wieder die Aufgabe, den Sterbenden darin zu unterstützen, dass für seine Familie gesorgt sein würde, auch über seinen Tod hinaus, eine Hilfe, die ihm das Gehen so viel leichter machen kann.

Natürlich hat nicht ein einziger auch nur einen Bruchteil aller da zusammengetragenen Funktionen auf sich vereinigt. Schon gar nicht innerhalb einer einzigen Begleitung. Die Vorstellung allein würde uns überfordert haben. Gerade dies: sich einmal vorzustellen, wie vieles sich da auf einen einzigen Menschen konzentrieren könnte, lässt uns um so leichter delegieren. Dann aber sind wir auch in den Rollen, in den Funktionen, die wirklich nur von uns übernommen werden können, präsent und gut. Mit all der Ruhe und Gelassenheit, derer es bedarf.

Wir sind nämlich wahrhaftig nicht die „ideale Besetzung", wie es beim Film heißt, für jede Rolle. Das im Auge zu behalten, bewahrt uns hoffentlich davor, allzu schnell zu vieles übernehmen zu wollen in all unserer Hilfsbereitschaft. Der Blick auf die Menschen, die im Umfeld eines Sterbenden sind, der Blick auf ihre jeweiligen Fähigkeiten, auf ihre Gaben und auf ihre Bereitschaft zu helfen, macht das leicht, was manchem schwer zu fallen scheint: das Delegieren.

Dass es uns dann doch wieder schwer fallen könnte, liegt sicher oft daran, dass wir damit aus dem Tun ins Nicht-Tun zu geraten scheinen. Aber so nebenbei ergibt sich da oft genug noch eine neue, ganz wesentliche Spielfläche für ein Tun: wenn wir nämlich beginnen, sorgfältig Ausschau zu halten nach der „idealen Besetzung" für das, was noch keinen „Mitspieler" gefunden hat, und wenn wir meinen, einen solchen entdeckt zu haben, ihn dann auch zu gewinnen und zu motivieren. Ich habe es oft selbst erlebt, und habe ähnliches auch oft genug in den Berichten anderer Hospizhelfer gehört, wie auf diese Weise Freunde, Verwandte und Nachbarn die Freude an ihren eigenen Fähigkeiten neu entdeckt und mit Eifer ausgefüllt haben, und dass Seilschaften, Teams und Arbeits-Partnerschaften entstanden sind, die später in Gefährtenschaften gemündet sind und in Freundschaften, die noch weit über den Tod dessen hinaus trugen, dem die Hilfsaktionen gegolten hatten.

Eine Zeit zum Zerreißen
und eine Zeit zum Zusammennähen

Sinn – ein Geschenk auf Gegenseitigkeit

Es ist leicht vorstellbar, wie es sich anfühlt, wenn wir aus unserer ganz normalen alltäglichen Geschäftigkeit herausgenommen sind, wenn alles, wofür wir wichtig waren, nicht mehr möglich ist, wenn wir nichts mehr für die anderen, nichts mehr für unsere Freunde und unsere Familie, nichts mehr für die Welt tun können. Wenn wir uns nutzlos fühlen, ja, schlimmer noch: auf die Hilfe anderer angewiesen sind, abhängig von ihren kleinen und großen Diensten, die für uns notwendig geworden sind.

Wenn Sie sich in eine solche Situation hineinversetzen, können Sie sich leicht genug dieses hilflose Gefühl vorstellen, das in der Frage gipfelt: Wofür bin ich überhaupt noch auf der Welt? Ich mache den anderen nur noch Arbeit und Stress. Wozu also das Ganze?

Hinter diesem Dilemma steht etwas, was wir grundsätzlich im Hintergrund von Ethik und Moral verankert finden: Wir sind in unserer westlichen Gesellschaft so sehr darauf ausgerichtet, uns aus dem Tun zu definieren, oder schlimmer noch: aus dem Haben, dass wir uns am Ende fühlen mit unserem Selbstwert, sobald weder das eine noch das andere mehr unser Leben bestimmen kann, wenn wir also nichts mehr leisten können, was uns die Anerkennung unserer Umgebung sichert. Wir liegen hilflos – nein, schlimmer noch: absolut hilfsbedürftig da, müssen uns den anderen zumuten mit den demütigendsten Dingen, die nun einmal notwendig sind, und sind dabei vierundzwanzig Stunden am Tag unseren Gedanken ausgeliefert, die uns die eigene Nutzlosigkeit, Wertlosigkeit und Sinnlosigkeit vor Augen führen. Dabei findet hier zu allem noch ein Leiden auf beiden Seiten statt: Das Gefühl der Sinnlosigkeit lässt doch beide – den Begleiter ähnlich wie den Patienten – schmerzlich ihre Hilflosigkeit spüren.

Aber diese Sinnlosigkeit ist keine unverrückbare Tatsache. Selbst in solch extremer Situation ist noch längst nicht der ganze Reichtum dessen ausgeschöpft, was zu einem sinnerfüllten Leben beitragen könnte. Jeder Weg aber aus dem Gefühl, ohne Sinn zu sein, kann einen befreienden Sprung aus Mutlosigkeit und Verzweiflung hin zu einem erfüllten Leben bis zuletzt bedeuten.

Sicher erfordert es manchmal eine Menge Phantasie gepaart mit unverdrossener Zuversicht und viel Einfühlungsvermögen, ja, manchmal mit fast detektivischem Spürsinn, um einen heilsamen Ausweg zu finden aus der scheinbaren Sinnlosigkeit. Aber es lohnt sich, gerade hier liebevoll kreativ zu sein.

Oft bedarf es nicht einmal besonderer Anstrengung.

Das gemeinsame Anschauen der Lebensgeschichte – ich bin in einem früheren Kapitel näher darauf eingegangen – ist nur eine von vielen Möglichkeiten des gegenseitigen Sinn-Geschenkes, aber sicher eine der schönsten. Und es versteht sich, dass dabei natürlich nicht nur die dunklen Seiten geteilt werden sollten. Gerade auch die vergnüglichen Erinnerungen können sein, als blätterten Sie gemeinsam in einem bunten Album.

Ein Patient, den ich begleitet habe, besaß einen schier unerschöpflichen Vorrat an Urlaubsfilmen, die er mit den Augen eines Staunenden, Begeisterten gedreht hatte und mit der ruhigen Sorgfalt, die die Liebe zu den Landschaften widerspiegelte, zu den Städtebildern und Kunstdenkmälern, den Licht- und Schattenspielen, den Stimmungen und kleinsten Details. Er hatte die Filme mit klassischer Musik unterlegt und mit sparsamen Kommentaren versehen.

Wir haben uns diese Filme gemeinsam in vielen Stunden während der letzten Wochen seines Lebens angeschaut. Manches mochte ich so gern, dass ich ihn bat, es noch ein zweites oder auch ein drittes Mal sehen zu dürfen. So kann ich heute noch in den Erinnerungen an Reisen schwelgen, die ich fast meine, selbst miterlebt zu haben. Wie von selbst hat sich damals für diesen Patienten eine wunderschöne Möglichkeit eröffnet, noch einmal trotz all seiner Hilfsbedürftigkeit und Hinfälligkeit, und obschon sein Tag sonst fast nur noch durch sein Leiden bestimmt zu sein schien, der Schenkende zu sein, und seinen Reichtum und seine Würde zu spüren in eben diesem Geben und Teilen und Mitteilen. Es war sichtbar, wie er meine Begeisterung genoss und wie ein gesunder Stolz dahinter steckte, wenn er mich nach der Begrüßung in bescheidener Untertreibung fragte: „Haben Sie Lust, heute wieder ein paar Bildchen zu sehen?" Ein paar Bildchen? Was für ein Reichtum: New York und die Toscana, Wien oder Barcelona, eine Rheinfahrt oder ein Trip durch die USA. Ich durfte mir, wie ein verwöhntes Kind, auswählen, wonach mir gerade der Sinn stand, und dabei spüren, wie ich im Nehmen ganz offenbar etwas ungemein Wesentliches gab.

Ein anderes Beispiel habe ich bei einer Patientin erlebt, die zu Beginn ihrer Krebs-Erkrankung – wenige Jahre, bevor ich sie dann als Hospizhelferin bis zu ihrem Ende begleiten durfte – von ihrem Arzt gefragt wurde, ob sie nicht Lust habe zu malen. Sie hatte sich bis dahin nie mit der Malerei beschäftigt, außer in dem Wenigen, das im Schulunterricht vermittelt worden war. So war dieser Vorschlag eigentlich nicht gerade naheliegend. Aber er wurde zum Glückstreffer, denn in den nächsten Jahren hat diese Frau sich als Autodidaktin in so erstaunlicher Weise entwickelt, dass ihre Bilder sogar auf mehren Ausstellungen gezeigt wurden. Sie gab auch noch einige Monate lang ihre Fähigkeiten ehrenamtlich an alte Menschen in einem Pflegeheim weiter. So fand sie Sinnerfüllung in ihrer Kunst, und wurde gleichzeitig auf heilsame Weise davor bewahrt, in Gedanken nur um sich selbst und ihre Krankheit zu kreisen.

Etwas, worum ich hin und wieder meine Patienten gebeten habe, wurde für sie jedes Mal zu einer sehr tiefen Form des Gebens und damit der Sinnerfüllung. Ich habe gefragt, ob sie für einen Menschen beten könnten, der selbst nicht mehr zu beten fähig ist und für den auch sonst niemand betet. Dabei habe ich die Situation des Hilfebedürftigen skizziert, sodass seine Not sichtbar wurde, ohne dass ich dabei die Schweigepflicht oder sein Vertrauen verletzt hätte.

Diese Beispiele reichen immer noch in den Bereich des Tuns. Es gibt aber noch zwei ganz wesentliche Bereiche, die uns vielleicht nicht sofort vor Augen sind, wenn wir an ein sinnerfülltes Leben denken:

Der eine gründet in der Fähigkeit des Menschen, Schönes zu würdigen, den Reichtum der Schöpfung mit Dankbarkeit und Freude zu betrachten, über einen Sonnenaufgang zu staunen, die Struktur einer Blüte zu bewundern, einem draußen vorbeifliegenden Vogelschwarm nachzuträumen oder den sich ständig wandelnden Wolken. Es gehört dazu aber auch die Freude an dem Schönen, das Menschen geschaffen haben: die Fähigkeit, in einem Gemälde immer und immer wieder neue Facetten zu entdecken, oder eine wohlvertraute Musik zu hören, als erklänge sie zum ersten Mal, sich faszinieren zu lassen vom Gedanken an den kühnen Schwung gotischer Gewölbe, und die Kraft oder Anmut eines Gedichtes zu würdigen.

Über all dem steht die Fähigkeit zur Aufmerksamkeit und liebenden Hinwendung, also eigentlich ganz einfach: die Fähigkeit, zu lieben. Und wenn wir diese in all ihren Dimensionen bedenken, steht an erster Stelle wohl die Liebe zu den Menschen, unsere Gabe, sie mit den Augen der Liebe zu sehen, mit Staunen über ihre Vielfalt, über ihre je ganz eigene Persönlichkeit und ihre innewohnenden Begabungen und Eigenarten.

Dies alles bewusst zu leben, bedeutet Sinnerfüllung. Denn niemand kann das in genau der Weise wie eben dieser Mensch, der jetzt, in diesem Augenblick, mit seiner Liebe würdigt, was ihm auf solche Weise am Herzen liegt.

Und noch eine Ebene gibt es, auf der Sinnerfüllung jenseits der Fähigkeit zur Aktivität und zum Tun möglich ist, nämlich die Art, sein Schicksal, sein Leiden zu beantworten. Die Tapferkeit oder die Gelassenheit oder die Heiterkeit, in der Schmerz und unabwendbares Leid von einem Sterbenden gelebt wird, kann eine so kostbare Erfahrung und Bereicherung für die Menschen um ihn sein, dass sie darin ein Geschenk für allezeit empfangen, größer und wesentlicher vielleicht als alles, was er sonst als Erbe oder Vermächtnis weitergeben könnte.

Oft ist das den Schwerstkranken gar nicht so bewusst. Deshalb ist es umso wichtiger, dass wir als Wegbegleiter eben diese Kostbarkeit widerspiegeln, indem wir unserer Bewunderung und Dankbarkeit Ausdruck geben, wenn wir in diesem Vorbild etwas erleben, was über den Moment hinaus ein Wegweiser für unser Leben bleiben wird. Dass wir Worte finden, um ihn wissen zu lassen, dass wir die Beschenkten sind.

Ein Wunsch nach aktiver Sterbehilfe wird vor diesem Hintergrund und in der Erfahrung, der Schenkende zu sein, oft gar nicht erst aufkommen.

Wenn wir nach einem Schlüssel suchen, um das Tor zur Sinnverwirklichung in den letzten Wochen des Lebensweges zu öffnen, bietet sich vielleicht eine ganz einfache Erkenntnis an: Für einen scheinbar nur noch Hilfsbedürftigen fühlt sich Geben ganz gewiss seliger an als Nehmen!

Eine Zeit zum Schweigen
und eine Zeit zum Reden

Der Umgang mit der Wahrheit

Eine Frage, die immer wieder auftaucht, ist die nach dem rechten Umgang mit der Wahrheit. Sicher, es gibt eine ganz gute, einfache Regel, die wir im Zweifelsfall zu Hilfe nehmen können: „Alles, was wir sagen, soll wahr sein, aber nicht alles, was wahr ist, müssen wir sagen", zumindest nicht unbedingt jetzt, hier, in dieser Situation, in Anwesenheit dieser Menschen oder jener.

Dabei setzen verständliche Unsicherheiten ein: Lebt es sich nicht doch besser mit einer „frommen Lüge"? Und wie soll ich etwas formulieren, das mir selbst schon allein zu denken schwer fällt? Will der andere überhaupt über die Wahrheit sprechen? Wobei mit „Wahrheit" hier ja immer die Tatsache des nahen Todes gemeint ist.

Diese letzte Frage ist hilfreich. Denn bevor wir ein Gespräch über Abschied und Ende anbieten, können wir noch einmal gut nachspüren, ob das wirklich der richtige Zeitpunkt ist, ob es wirklich der Wunsch des Sterbenden ist, sich mit mir darüber auszutauschen, und ob ich der rechte Gesprächpartner bin.

Oder bin vielleicht andererseits ich es, die dieses Thema zu vermeiden versucht, aus Unsicherheit oder aus Angst, etwas falsch zu machen? Oder verhindere ich mehr oder weniger bewusst, dass der Sterbende überhaupt zu fragen beginnt? Und fühle ich mich, wenn dann doch diese erschreckende Frage kommt: „Muss ich sterben?" vielleicht gedrängt, nun unbedingt „die richtige Antwort" geben zu sollen? Und was, um Himmels willen, ist die richtige Antwort?

Erfahrungsgemäß gehen Gespräche über das Sterben fast immer von dem aus, der den Tod vor Augen hat. Nicht wir sind diejenigen, die sie auslösen.

Das macht es uns einerseits leichter, denn wir müssen uns nicht fragen, ob wir nicht längst dieses Thema angeschnitten haben sollten. Andererseits aber fühlen wir dadurch, dass wir damit so unverhofft konfrontiert sind, vermutlich im ersten Moment nichts so deutlich wie eben unser eigenes Erschrecken, vielleicht auch Angst oder gar Panik.

In solchen Momenten ist es heilsam, wenn wir uns klar darüber sind, dass jetzt kein Grund zur Eile oder gar zur Panik besteht. Dass wir uns Zeit nehmen dürfen, unseren Gedanken und Gefühlen erst einmal nachzuspüren, vielleicht auch dem, der fragt, zu sagen, wie wir uns fühlen, dass wir erschreckt sind, und was nun, wo er eine so schwierige Frage stellt, an Gedanken auf uns einstürmt. Es ist durchaus in Ordnung, wenn wir unsere Hilflosigkeit zugeben, und gerade auch dadurch – das scheint mir sehr wichtig – unsere Offenheit zeigen!

Offenheit wirkt ungemein erleichternd für beide: für den sterbenden Menschen ebenso wie für die Helfer oder die Angehörigen. Wenn wir nicht mehr meinen, beschwichtigen zu sollen oder dem Patienten etwas vormachen zu müssen, und wenn wir aus dem Versteckspiel herausgehen dürfen, dann kann das in einer Zeit von Angst und Leiden geradezu befreiend sein.

Eine meiner letzten Begleitungen erstreckte sich über mehr als zwei Monate. Die Patientin hat sich – obschon es für alle offensichtlich war, dass keine Heilung, keine Besserung mehr möglich war – wochenlang so verhalten, als handele es sich um eine ganz normale Krankheit, an der sie litt, als könnten die rasch schwindenden Kräfte irgendwann wiederkehren, als wären alle Beschwerden nur lästige, kurierbare Symptome. Ich habe, wenn sie, wie so oft, fragte: „Warum fühl' ich mich nur so elend?!" nie beschwichtigt oder vertröstet auf eine baldige Besserung, sondern nur gemeint: „Das hängt offenbar mit Ihrer Krankheit zusammen. Hat der Arzt es Ihnen nicht erklärt?" Damit versuchte ich, ihr eine Brücke zu bauen, auf der sie sich mit der Realität auseinandersetzen könnte, wenn sie dazu bereit wäre.

Auch das war in diesem Zusammenhang wichtig: die Wahrheit als anschaubar ins Blickfeld der Kranken zu rücken, dabei aber ihr Zeit und Raum und Freiheit zu lassen, um entscheiden zu können, ob sie ihr jetzt begegnen will, oder später, oder vielleicht sogar überhaupt nicht. Diese Entscheidung: Will ich mich jetzt mit der Tatsache meines nahen Todes auseinandersetzen? muss nicht künstlich beschleunigt werden, wir dürfen also nicht ungeduldig sein oder drängen. Und sie sollte auch nicht behindert oder gar verhindert werden.

Diese Frau war zunächst ganz offenbar nicht bereit für eine Konfrontation mit der Wahrheit. Trotzdem kam die Frage „Warum fühle ich mich nur so elend?" immer wieder in den nächsten Tagen und Wochen. Meine Antwort war immer ähnlich. Ich meinte auch zuweilen, es wäre sicher gut, den Arzt bei seinem nächsten Besuch darüber zu befragen, und wenn sie wolle, könne ich ja dabei bleiben, um zu hören, ob er sich auch so ausdrückt, dass wir, als Nicht-Medizinerinnen, verstehen können, was er sagt, und ihn notfalls bitten, alles noch ein bisschen besser zu erklären. Ihr gefiel dieses Angebot, aber sie brauchte noch ihre Zeit. Erst zwei Wochen danach, beim übernächsten Arztbesuch, war sie so weit, ihre Frage zu stellen.

Die Begegnung mit der Wahrheit ist kein plötzliches Geschehen, sondern sie hat ihre eigenen Zeit-Gesetze, sozusagen ihr eigenes „Timing", und das ist bei jedem Menschen verschieden. Erst zur gemäßen Zeit kann sie angesprochen werden, sodass wir erst dann auch der Angst begegnen können, statt sie weiter über Tage und Wochen zu verdrängen.

Auch diesen Gedanken halte ich für wichtig. Wenn wir im Zweifel sind, ob wir nicht dem Sterbenden viel Angst ersparen könnten, indem wir die Wahrheit verheimlichen, ersparen wir sie ihm nicht, wir verhindern lediglich, dass sie offen angeschaut, dass sie ausgesprochen wird. Und das ist meist viel schmerzhafter, hat vor allem viel schlimmere Auswirkungen, als wenn wir gemeinsam durch die Ängste hindurchgehen. Verdrängtes Leid hat die Tendenz, selbst Gesunde krank zu machen. Umso kränkender kann es für Sterbende wirken.

Als eine Patientin eines Tages zu mir sagte: „Ich hab' Angst vor dem Sterben", war ich, so seltsam das zunächst scheint, erst einmal erleichtert. Ich hatte ja gespürt, wie beunruhigt sie war, dass sie mit etwas kämpfte, dass sie rang. Eine Zeit lang hatte ich, wenn ich vorsichtig fragte, „Was beunruhigt Sie?" nur ein abwehrendes „Ach, nichts ..." zur Antwort bekommen. Als sie dann aber, in eine Stille hinein, eben diesen Satz sagte „Ich hab' Angst vor dem Sterben", begann eine ganz wichtige Zeit, in der sie sich mit dieser Angst auseinandersetzen konnte, eine Phase, die ich mit ihr teilen durfte. Von da an rückten Gespräche über ihre religiösen Vorstellungen von Zeit und Ewigkeit in den Vordergrund, Gespräche über ihre Vision vom Übergang. Aber auch ganz praktische Fragen mussten beantwortet werden: wie groß die Gefahr ist, dass am Schluss noch schlimme Schmerzen auftreten, was noch erledigt werden müsste, und wer bei ihr sein sollte ganz zuletzt. Wir waren beide erleichtert, dass wir jetzt ganz offen über all das reden konnten.

Was mir, wenn ich diese Situation von ihrem Beginn bis zum Schluss noch einmal genauer betrachte, daran besonders lehrreich erscheint, ist die Frage, warum gerade ich diejenige war, die hier die Gedanken über etwas so existenziell Wesentliches teilen konnte. Dass das viel mit dem Vertrauen zu tun haben musste, das sich zwischen uns entwickelt hatte, war mir klar. Aber gleichzeitig wusste ich, dass zwei Menschen aus dem nächsten Umfeld ein viel länger schon bestehendes, tragfähiges Vertrauensverhältnis mit der Patientin hatten: ihr Mann und ihre Cousine. Warum also war ich die erste, der sie ihre Ängste anvertraute, die erste, die sie bat, ihr zu helfen, mit der Wahrheit fertig zu werden, die sie erkannt hatte und die sie anzunehmen versuchte? In diesem Fall denke ich, es wäre einfach zu schwer für sie gewesen, das Erschrecken und die Trauer derer mitzuerleben, die ihr innerlich so nah waren. Das wäre für sie vermutlich eine zusätzliche Belastung gewesen, die sie erst einmal nicht verkraftet hätte. Später, als sie mit mir zusammen durch die anfänglichen recht heftigen Emotionen hindurchgegangen war, begann sie dann auch, mit ihrer Cousine und ihrem Mann über ihren nahen Tod zu sprechen. Sie hatte bei mir offenbar den Eindruck gehabt, dass ich schon ein wenig mehr aushalten könnte, weil ich ja, wie sie wusste, nicht zum ersten Mal eine Sterbende begleitete. Und sie hatte auch erfahren, dass ich offen war, nicht beschönigt oder herumgeredet hatte und mich auch nicht drückte, wenn ein Gespräch zur Herausforderung wurde.

Wenn ich also von diesem Beispiel ausgehe – und wiederum können wir hier natürlich keine Regel ableiten –, dann ist es zumindest förderlich, wenn jemand für den Patienten da ist, der ihm belastbar scheint und bereit zum Zuhören, der vielleicht nicht emotional allzu nah ist, und der vertrauenswürdig mit der Wahrheit umgeht.

Wie sehr ein Schwerstkranker darunter leiden kann, wenn seine Umgebung nicht bereit ist, offen mit der Wahrheit umzugehen, wird anrührend und eindrucksvoll geschildert in Tolstois Novelle „Der Tod des Iwan Iljitsch" (Stuttgart 1995). Da heißt es: „Das, was Iwan Iljitsch am meisten quälte, war die Lüge – jene aus irgendeinem Grund von allen verbreitete Lüge, dass er nur krank sei und keineswegs auf den Tod daniederläge. (...) Schon häufig war er, wenn sie ihn auf diese Art zum Besten hielten, um ein Haar drauf und dran, ihnen zuzuschreien: „Hört auf zu lügen. Ihr wisst es und ich weiß es ebenso gut, dass ich sterben muss, so hört doch wenigstens zu lügen auf!" und dennoch hatte er sich nie getraut, es zu tun".

Schwierig kann eine Situation werden, in der ein Arzt vor dem Problem steht, wie er das, was er als unwiderruflich unheilbare Krankheit diagnostiziert hat, dem Patienten erklären soll, wie er einem Menschen sagen soll, dass seine Lebenszeit voraussehbar begrenzt ist, wobei selbstverständlich kein Arzt genaue zeitliche Prognosen geben wird, denn das wäre in keinem Fall menschenmöglich.

Einen Todkranken der Möglichkeit zu berauben, dem Ende gefasst entgegengehen zu können, würde sicher der ärztlichen Ethik widersprechen. Wenn wir also als Angehörige oder Helfer das Zögern eines Arztes in solcher Situation spüren, wäre es auch an uns, ihn zu unterstützen und ihn zu bitten – zur rechten Zeit und in rechter Weise –, mit dem unheilbar Kranken zu sprechen.

Zur rechten Zeit, das heißt: zu spüren, ob der Patient bereit und reif ist für die Wahrheit. Das heißt auch, zu überlegen, wer vielleicht von den Angehörigen dabei sein sollte, und ob zu der Zeit wirklich die Ruhe da ist, die es für ein ungestörtes Gespräch braucht und dafür, dass auch die Reaktionen und Fragen des Patienten ihren Raum bekommen können.

Und in „rechter Weise" heißt zum Beispiel, dass der Arzt zunächst nachfragt: „Was denken Sie, oder was wissen Sie, und wie fühlt es sich für Sie selbst an?" – Denn in fast allen Fällen wissen die Patienten schon, dass sie sterben werden. Sie haben sich vieles zusammengereimt. Sie haben gehört, was um sie und über sie gesagt wurde in den letzten Wochen. Sie haben Andeutungen aufgefangen. Sie haben gemerkt, wie sich vielleicht ihre Angehörigen anders verhalten als früher. Und ihr Körper und ihre Seele haben sicher auch signalisiert, dass da etwas anders ist als je zuvor.

Wichtig ist es sicher auch, nachzufragen und zurückzufragen, denn oft ist das, was jemand hört, etwas ganz anderes, als das, was gesagt wurde. Wenn zum Beispiel der Arzt im Krankenhaus sagt: „Wollen Sie nicht lieber zu Hause sein?" kann der Patient möglicherweise verstehen: Man will mich hier los werden. Viele Missverständnisse dieser Art entstehen dadurch, dass nicht noch einmal sorgfältig nachgefragt wird. Die Zeit dafür aber sollte unbedingt da sein, und auch die Offenheit, Fragen des Patienten abzuwarten und zu beantworten, und bereit zu sein, dafür am nächsten Tag noch einmal zu kommen. Denn das Bedürfnis nach Information entwickelt sich meist erst nach und nach, zusammen mit den Fragen, die bald in den Vordergrund rücken, wie zum Beispiel: „Welche Belastungen oder Schmerzen werden nun auf mich zukommen, und wie weit können sie medizinisch in Schach gehalten werden?"

Klarheit in dieser Situation heißt nicht so sehr, ein Sterben anzukündigen, als vielmehr, einen Prozess zu ermöglichen, in dem der Patient beginnen kann, den Sinn des Sterbens zu erschließen. In fast allen Fällen kann die Klarheit über den eigenen Zustand dem Sterbenden dafür noch eine ungeahnte seelische Kraft zukommen lassen, und mehr Mut und Vitalität als wir ihm zutrauen. Das ist eine Zuversicht, die ich mit vielen teile, die eine noch weitaus längere Erfahrung in der Sterbebegleitung haben als ich.

Eine Zeit zum Schweigen
und eine Zeit zum Reden

Einstimmen auf die Begegnung

Ich kann mir denken, dass Sie sich wie ich an Situationen erinnern, in denen Sie eine laute Stimme als unangenehm bis zur Schmerzhaftigkeit empfanden. So etwas geschieht meist ausgerechnet in Momenten, in denen wir uns so schwach und hilflos fühlen, dass wir nicht einmal auf den Gedanken kommen zu sagen: „Du bist so laut, sprich doch bitte leiser!" Unsere nonverbalen Äußerungen, wenn wir also versuchen, abzurücken, oder nur leicht gequält das Gesicht verziehen, werden meist gar nicht wahrgenommen.

Sind Sie schon einmal im Krankenhaus gelegen, und morgens um halb sechs Uhr kam die Schwester frisch und fröhlich ins Zimmer, machte das große Licht an, und als sie „Guten Morgen" sagte und sich erkundigte, wie Ihre Nacht war, hätten Sie am liebsten das Kissen über die Ohren gezogen? Dabei sind es nicht die schlechtesten Schwestern, die uns so mit ihrer lauten, frischen Stimme in unsere Träume hineinplatzen. Sie sind nur eben nicht auf uns eingestimmt.

„Eingestimmt sein" ist vielleicht ein gutes Stichwort.

Wenn Sie sich für einen Moment das letzte Gespräch mit Ihrem Kollegen, Ihrer Nachbarin oder wem auch immer vor Augen – oder besser: vor Ohren führen, und Sie rufen sich dabei in Erinnerung, ob es sich harmonisch angefühlt hat, dann versuchen Sie doch einmal, sich dabei auf eine Weise zu entsinnen, als handele es sich um ein Duett, das Sie gehört haben. Ich denke da zum Beispiel an eines für Klavier und Violine oder für Gitarre und Blockflöte. Was hat die Harmonie ausgemacht? Waren die beiden „Musiker" so aufeinander abgestimmt, dass jeder sich im Rhythmus und in der Lautstärke dem anderen angepasst hat, so dass trotz der Verschiedenheit der „Instrumente" und der „Melodieführungen" ein Einklang entstanden ist?

Ganz ähnlich ist es nämlich mit der Harmonie oder Disharmonie in Gesprächen bestellt. Wenn jeder der beiden, die sich unterhalten, nur seine eigene Stimme hört, nur seinen eigenen Problemen und Gedankengängen zugewandt bleibt, fühlen sich beide nach kurzer Zeit vom anderen nicht recht wahrgenommen, fühlen sich nicht verstanden, und allmählich sind beide mehr oder weniger frustriert. Es ist, als wären sie um eine wirkliche Begegnung betrogen worden.

Es ist spannend, dafür das Beispiel des musikalischen Duetts zu Hilfe zu nehmen. Wenn Sie eines auf CD oder Kassette haben, hören Sie es sich einmal auf eine Weise an, als folgten Sie einem gelungenen Gespräch. Sie werden merken, wie einer dem anderen manchmal für eine geraume Zeit den Vortritt lässt, wie er den anderen mit seinem Instrument begleitet und unterstützt in dessen Ausführungen, so dass der andere Raum und Hintergrund für das bekommt, was er da entfaltet. Und dann sind die beiden für eine Zeit wieder in gleichwertigem Einklang, als hätten sie einander zu bestätigen: Wir verstehen einer des anderen Sprache so gut, dass wir in ein und demselben Klanggebäude gleichwertig nebeneinander gehen können. Dann kommt wieder der andere zu seinem Recht, tritt musikalisch in den Vordergrund, hat viel zu sagen, zu erzählen, und der andere hört quasi aktiv zu, indem er mit seiner Stimme unterstützt, bestätigt – oder manchmal auch Fragen zu stellen scheint. Ich höre auf diese Weise jedes Mal, wenn ich diese CD auflege, den zweiten und dritten Satz aus dem 4. Klavierkonzert in G-Dur op. 58 von Ludwig van Beethoven. Immer wieder werde ich voller Bewunderung Zeugin eines Zwiegespräches von unvergleichlicher Tiefe und Schönheit, wobei der eine Gesprächspartner hier gleich ein ganzes Orchester ist.

Wichtig scheint offenbar die Zugewandtheit, die Bereitschaft, sich dem anderen aufmerksam zuzuwenden und zuzuhören, und die Fähigkeit, dabei die eigenen Gedanken erst einmal in den Hintergrund zu stellen und sicher zu sein, dass sie dann schon ihre Zeit und ihren Raum bekommen werden.

Ich habe oft solch einen Zusammenklang im Gespräch als etwas unendlich Wohltuendes erlebt. Wir beide, der Schwerkranke und ich selbst, haben diese gelungene Harmonie gleichermaßen genossen und uns darin wohlgefühlt.

Was stört nun eigentlich ein solch ganz selbstverständliches mitmenschliches „Kunstwerk", ja, was lässt es erst gar nicht entstehen, und was ist ihm förderlich?

Was hinderlich sein kann, ist sicher, wenn wir selbst so angefüllt sind von etwas, was uns wichtig ist oder was uns bedrückt, dass wir über diese Mauer von Eigenem hinweg den anderen nicht recht wahrnehmen können. Das wird für uns, die wir Sterbende begleiten, oft genug der Fall sein, denn wir werden meist mit den eigenen bedrückten Gedanken oder den zusätzlichen Anforderungen nicht so leicht fertig, oder auch mit Schuldgefühlen oder Ängsten.

Dann ist es wichtig, diesen Belastungen erst einmal irgendwo Raum geben zu können, also einen Ort oder einen Menschen zu haben, bei dem wir sie getrost abladen können. Um dafür nun wiederum eine gute Situation vorzubereiten, in der das möglich ist – denn hier sollte ja auch ein Gespräch in Harmonie entstehen –, kann es hilfreich sein, einer guten Freundin oder einem vertrauten Menschen zu sagen, wie uns zu Mute ist, und was wir uns wünschen. Wir können fragen, ob es in Ordnung ist, wenn wir ihn jetzt „als Klagemauer benutzen". Wenn er zustimmt, ist er dann auch von vornherein bereit, die „zweite Geige" zu spielen, also sich unsere Probleme anzuhören. Viel Druck kann so von uns genommen werden, und wir sind danach viel eher offen, uns einer Begegnung mit dem Sterbenden, für den wir da sein wollen, vor diesem entlasteten Hintergrund in Ruhe zu widmen, und ihm die Möglichkeit zu geben, in unserem Gespräch selbst den Ton anzugeben und den Rhythmus.

Wie immer ist es auch hier wichtig, sich klar zu machen, dass überstürzte Hast oder Eile nie gut ist. Dass vielmehr solch eine Vorbereitungszeit, in der wir erst einmal für uns selbst sorgen, in der Begleitung des Patienten hilfreich ist.

Oder stellen Sie sich vor, Sie sind derjenige, der beobachtet, wie es zwischen zwei Menschen so gar nicht „stimmt", wie zum Beispiel in der folgenden Situation:

Da erzählt Ihnen eine Frau, die kurz vor ihrem Ende steht, dass sie sich in letzter Zeit viele Gedanken darüber macht, wie falsch sie es doch mit ihren Kindern angestellt hat. Und als Sie behutsam nachfragen, kommen mehr und mehr Schuldgefühle zutage. Sie berichtet sehr stockend und mit leiser Stimme über die Zeit, als sie für die Tochter und den Sohn kaum da sein konnte. Die beiden waren viel sich selbst überlassen, denn sie musste den Unterhalt verdienen und außerdem schauen, wie sie mit dem Haushalt zurecht kam. Für die Kinder blieb wenig Zeit, und oft genug war sie mürrisch und ließ die zwei ihre eigene Unzufriedenheit spüren. „Dass ich so muffig und verschlossen war, das muss für die beiden schrecklich gewesen sein. Wir haben nie darüber gesprochen, und jetzt .... Mein Sohn ist so weit weg, aber meine Tochter, mit der könnte ich doch wenigstens noch mal reden, vielleicht, und ..." Sie versinkt wieder in Schweigen, ringt offenbar mit dieser Mischung aus Hilflosigkeit und Schuld – und sicher auch mit der Angst vor dem, was in einem solchen Gespräch hochkommen könnte.

Nun gelingt es Ihnen tatsächlich, die Tochter zu erreichen und ihr zu sagen, dass es gut wäre, wenn sie ihre Mutter besuchte. Als Sie sie dann kennen lernen, merken Sie, dass diese Frau ihrerseits voller Schuldgefühle ist, weil sie so lange nicht gekommen ist. Und nicht nur das: Es stellt sich heraus, dass ihr Ehemann die ganze Zeit – erfolgreich – versucht hat, sie von Besuchen abzuhalten. Sie spricht viel und überstürzt und schnell und steht ganz offenbar so unter dem Druck, der auf ihr lastet, dass sie, wenn sie jetzt gleich ins Krankenzimmer gehen würde, vermutlich vor lauter eigener Spannung ihre Mutter damit überschütten würde.

Um die beiden auf einander einzustimmen, könnten Sie jetzt erst einmal der Tochter Raum für ihre Zweifel und Verzweiflung geben, und ihr erst dann behutsam von der Situation ihrer Mutter berichten: vom so sehr reduzierten gesundheitlichen Zustand und der Schwäche, die ihr vieles schwer macht, von den Gedanken, in denen sie sich noch einmal mit ihrer Lebensgeschichte auseinandersetzt, und auch von den Schwierigkeiten, die sie hat, Worte zu finden. Dass Sie dabei nicht auf Inhaltliches zu sprechen kommen, versteht sich. Das ist nun Sache der beiden. Entscheidend ist nur, dass die Bedingungen für ein Gespräch besser geworden sind, in dem sich Mutter und Tochter einander in Ruhe und Zugewandtheit nähern können.

Und wieder besteht kein Grund, in solch eine Situation hineinzu-hetzen. Es kann so vieles leichter machen, wenn wir uns Zeit neh-men und – in diesem Fall – der Tochter das Gefühl geben, dass sie erst einmal in Ruhe zu sich selbst kommen kann, bevor sie sich dieser Begegnung stellt, die für sie nicht einfach ist.

Der Druck, unter dem wir stehen, aber auch einfach die Situati-on, aus der wir gerade kommen, kann sich vehement auf unsere Art zu reden auswirken. Vermutlich werden wir uns aber instinktiv in den meisten Fällen ohnehin mit unserer Dynamik und Lautstärke zurückhalten. Allerdings: Das Gegenteil kann fast genauso störend sein: Wenn wir vor lauter Sacht-sein-Wollen kaum mehr wagen, ganz selbstverständlich und natürlich wir selbst zu sein.

Was ist also der Schlüssel dafür, dass wir weder in das eine noch das andere Extrem geraten? Wahrscheinlich genügt es schon, wenn wir uns einfach ein wenig bewusster auf einen Menschen „einstim-men" als wir das normalerweise tun. Und wiederum hilft es, wenn wir uns erinnern: Es besteht kein Grund zu Hast oder Eile. Wir kön-nen uns Zeit nehmen fürs Einstimmen.

Gerade wenn wir meinen, wir hätten nicht genug Zeit, sollten wir uns umso mehr auf das besinnen, was in einem kurzen Augen-blick an Zeit-Intensität liegen kann. Als ich die Teilnehmerinnen in einem Seminar bat, sich „nur" zwei Minuten Zeit zu nehmen, um sich gut auf eine Rollenspiel-Situation vorzubereiten, die ich zuvor geschildert hatte, und ich dann nach abgemessener Zeit sagte: „Die zwei Minuten sind jetzt um" waren alle, wirklich alle überzeugt, es wären mindestens vier Minuten gewesen, und waren sicher, die Hälfte der Zeit hätte sogar auch noch genügt. Nur eine Minute zur Einstim-mung auf eine schwierige Situation. Offenbar ist dies ein gutes Bei-spiel für diese geheimnisvolle „Zeitverlängerung", die uns zu Hilfe kommt, wenn wir den Augenblick nutzen.

Eine Zeit zum Schweigen
und eine Zeit zum Reden

Sprachwelt der Sterbenden

Sterbende können ihre ganz eigene Sprache haben, ihre ganz spezifischen Metaphern und Bilder, Hinsichten und Eingebungen. Darin kann so viel Geheimnisvolles liegen, so viel Tiefe, so kostbare geistige Erfahrung, dass wir als diejenigen, die diese Sprache zu teilen versuchen und zu verstehen, oft sprachlos bleiben – auch vor Ehrfurcht, vor Bewunderung, vor kopfschüttelndem Unverständnis oder vor unserer eigenen Begriffsstutzigkeit.

Es gibt eine ganze Sprach-Welt, die mir, je öfter ich ihr in ihren unendlich vielen Facetten begegne, in ihrer fast unbegreiflichen Hintergründigkeit, umso staunenswerter geworden ist.

Vor lauter Bereitschaft, uns in diese Bilder hineinzuhören, und in der Annahme, alles, was wir nicht verstehen, müsste in einen höheren oder tieferen Sinnzusammenhang eingeordnet werden, geraten wir allerdings manchmal in Gefahr, eine besondere Bedeutung in das hinein zu geheimnissen, was ganz sachlich in den Alltag gehört.

Als eine Patientin zum Beispiel mit weit in die Ferne gerichtetem Blick leise und deutlich sagte: „Astronauten ..." hätte ich ganz falsch gelegen, wenn ich jetzt an Visionen von Außerirdischen oder Weltraum-Bildern gedacht hätte. Ich habe nachgefragt, was sie meint, und es steckte nichts dahinter als die Sorge, dass nicht mehr genügend Flüssig-Nahrung vorrätig sei, die ja auch „Astronautenkost" genannt wird. So einfach.

Auch die mühsam und leise gestammelte Bitte einer anderen Patientin „Sagen Sie ... bitte, zeigen ... zeigen Sie mir ... die Tür ...", hätte ich missdeuten können und im übertragenen Sinn missverstehen, denn tatsächlich ist das Bild der Tür manchmal im Zusammenhang mit den Visionen von Übergängen, von Grenzbereichen zur Ewigkeit zu finden als Tür zur Ewigkeit, als Tür zu einer anderen Dimension. In diesem Fall war es aber anders: Die Patientin wollte sich lediglich im Krankenhauszimmer orientieren, nachdem sie tagelang fast nur mit geschlossenen Augen gelegen hatte. Ich öffnete also die Tür, sodass sie auch einen Teil des Korridors sehen konnte und drehte das Bett in diese Blickrichtung, erzählte ihr auch, wie die Zimmer auf der Station angeordnet sind und drehte das Bett dann so, dass sie aus dem Fenster schauen konnte, schilderte ihr den Ausblick, und stellte das Bett dann wieder in seine ursprüngliche Position. Sie war beruhigt und zufrieden.

Ganz anders war es bei einer Sterbenden, die lange Zeit in einer seltsam zusammengezogenen Stellung gelegen hatte, wie von außen bedrängt. Ich fand keine Möglichkeit, ihr durch vorsichtiges Umlagern in eine entspanntere Lage zu verhelfen, denn offenbar war da ein seelisches Bedrücktsein, das sich ins Physische übertrug. Welche Gedanken oder vielleicht Erinnerungen es waren, die sie einengten und belasteten, weiß ich nicht. Ich spürte nur, dass sie um einen Ausweg zu ringen schien, um etwas, was sie aus der Enge hinausführen könnte. Ich sagte leise: „Das ist wohl schwierig jetzt ...“, und sie murmelte nur: „Ja, aber ...“, und schließlich kam der Satz: „Da sind so viele Türen!“ Ein Strahlen lag auf ihrem Gesicht und ihr Körper ließ die Anspannung los. Türen waren für sie vielleicht ein Bild für die vielfältigen Möglichkeiten, weiterzugehen aus einer Bedrängnis in andere geistige oder seelische Dimensionen. Ich konnte nur ahnen, welche Arbeit sie in diesen Minuten geleistet hatte, und voller Achtung und voll Dank sein dafür.

Wir sind also gut beraten, wenn wir vorsichtig nachfragen. Natürlich besonders da, wo wir eine Bitte, eine Frage, einen Satz nicht einordnen oder nicht nachvollziehen können.

Als eine Patientin bat: „Machen Sie eine andere Farbe! ...“, fragte ich erst mal aus meiner Ratlosigkeit heraus: „Welche Farbe ist denn jetzt?“ „Blau“, sagte sie ganz klar. Und als ich fragte: „Und welche Farbe möchten Sie?“ sagte sie ebenso entschieden: „Grün!“ Ich versuchte, mir vorzustellen, was sie sich wünschte, und fragte: „So grün wie ein Tannenwald?“ Sie schien unzufrieden, sagte: „Nein.“ „Wie eine Wiese?“ Sie zögerte, dann kam aber wieder ein „Nein“. Ich lag offenbar nicht mehr allzu weit weg in meiner Phantasie. Also ein neuer Versuch: „So grün wie die Blätter im Frühling?" Und jetzt hatte ich es offenbar getroffen. Sie sagte strahlend: „Ja ... ja ..." und war sichtbar zufrieden. Durch unser vorsichtiges Annähern hatte sich, wie es schien, ihr Wunsch erfüllt: Blau hatte sich vor ihrem inneren Auge in Grün verwandelt. Mit dieser Assoziation war sie dann wohl für die nächste Stunde auf gute Weise beschäftigt, denn ihre Unruhe war verschwunden, das Gesicht blieb friedlich und entspannt.

Wir brauchen in unseren Reaktionen nicht schnell zu sein, vor allem müssen wir nicht so tun, als hätten wir etwas verstanden, obschon wir herumrätseln. Wir können zugeben, dass wir nichts verstanden haben, und einfach nachfragen, so lange, bis uns der Zusammenhang verständlicher geworden ist.

Wiederum verbietet es sich allerdings, penetrant nachzubohren. Das wäre ganz gewiss ebenso unangenehm für den Betroffenen wie ein gemogeltes „Ich verstehe". Beides würde bedeuten, dass wir den anderen nicht ernst nehmen, seine Eigenwelt nicht achten.

Wenn wir aufmerksam sind, werden wir sicher aus dem Verhalten des Patienten deutlich heraushören oder herausspüren, ob er sich eine Antwort, eine Frage, eine Reaktion von uns wünscht, oder ob wir nur Zeuge eines Selbstgespräches geworden sind, aus dem wir uns höflicherweise heraushalten sollten.

Ein Angebot ist sicher immer gut, wenn wir leise, ein wenig fragend, das wiederholen, was wir gehört haben. Wenn ein Patient zum Beispiel sagt: „Das ist so schwer ..." und ich nur ganz leise, wie eine Frage, wiederhole: „Das ist so schwer?" wird mich die Antwort darauf (wenn eine kommt) auf jeden Fall weiterführen, sei es, dass ganz simpel nur die Bettdecke zu schwer auf den Füßen liegt, sei es, dass ihm das Herz schwer ist beim Gedanken an Abschied und Tod, und dass es ihm leichter zu Mute wird, wenn diese Bangigkeit Worte finden kann.

Sehr häufig begegnen wir kurze Zeit vor dem Ende Bildern von Aufbruch, vom Kofferpacken, vom Reisen, vom Weggehen, und diese Bilder sind dann manchmal von großer Unruhe begleitet. Die Patienten versuchen, aufzustehen, wollen sich anziehen, bitten, Schuhe und Mantel gebracht zu bekommen, auch wenn sie seit Tagen und Wochen schon nicht mehr fähig sind, das Bett zu verlassen. Diese oft ganz vehemente und erstaunlich kraftvolle Phase zu begleiten, erfordert eine besondere Balance zwischen Einfühlung und Verständnis einerseits und Realitätsarbeit andererseits, also die Bereitschaft, auf die Bitten, Wünsche oder Anordnungen zwar zu reagieren, sie auch ernst zu nehmen, trotzdem aber unsinnige oder gar gefährliche Aktionen des Patienten zu vereiteln.

Dabei kann es auf jeden Fall hilfreich sein, nachzufragen. So wie das Fragen im Zweifelsfall immer der Königsweg ist.

Wenn wir also zum Beispiel sagen: „Du hast jetzt das Gefühl, du müsstest aufstehen, ... wohin würdest du denn gern gehen?" kommen wahrscheinlich Antworten, die uns beiden weiterhelfen. Eine Patientin antwortete auf diese Frage ganz klar und entschieden: „Nach Hause!" Und da war jetzt wiederum die Frage: meint sie mit Zuhause die Ewige Heimat? Oder das Haus ihrer Kindheit? Oder ganz einfach den Ort, an dem sie sich tatsächlich befindet. Ich fragte also vorsichtig weiter: „Meinen Sie nach Hause in Ihre Wohnung in der Lenzstraße 20?", und sie sagte mit Nachdruck: „Ja!!" Es war also in diesem Fall offenbar so, wie das bei Schwerstkranken manchmal vorkommt: Sie hatte Schwierigkeiten, sich in der Realität zurecht zu finden. Ich meinte also nur ganz ruhig: „Sie sind hier in Ihrer Wohnung. Schauen Sie, der Ausblick aus Ihrem Fenster auf den Kirschbaum ist so schön, und ich mag es auch so gern, wie Sie die Farbe Ihrer Vorhänge ausgewählt haben, dieses sanfte Blaugrau .... Sie sind hier zu Hause, geborgen und behütet!", und überraschend kam die Antwort: „Sie sind ein Engel." – warum, weiß ich bis heute nicht, so wie wir eben vieles einfach so stehen lassen müssen, dessen Bedeutung wir nicht einmal ahnen können.

Vielleicht hilft es dann, wenn wir ratlos oder hilflos sind in unserer Unfähigkeit, zu verstehen, dass wir uns klar machen, wir sind hier etwas, was wohl einmalig ist im Mitmensch-Sein, nämlich: Zeuge einer Wirklichkeit, die (noch) nicht die unsere ist.

Manches lässt sich einordnen oder zumindest einem Gefühl, einer Grundstimmung zuordnen.

Da gibt es zum Beispiel die Sätze, die mit einer Hoffnung verbunden sind: „Jetzt komme ich wieder zu meiner Maria", sagte ein alter Mann, der, seit zwei Jahren Witwer, sich ohne seine Frau nicht mehr zurecht fand in seiner Welt. – So ist die Zuversicht, bald wieder mit den Menschen verbunden zu sein, die im Tod vorausgegangen sind, immer wieder herauszuhören: „Die warten ja auf mich ..." sagte eine Patientin, und eine andere begann am vorletzten Tag vor ihrem Tod, mit ihrer verstorbenen Mutter Gespräche zu führen, Gespräche, die voller Vorfreude zu sein schienen. Und eine Frau sagte: „Schwester, ich habe Jesus gesehen." Das war ganz kurz, bevor sie die Augen schloss und nicht mehr öffnete, als sei diese Schau nun ihre Wirklichkeit geworden, und das Sehen mit den irdischen Augen nicht mehr wichtig.

In manchem drücken sich aber auch Ängste aus. Eine Patientin, die ich begleitet habe, ging durch viele Tage der Depression hindurch, bis sie dann loslassen konnte. Und diese Zeit von Hilflosigkeit, Trauer, Hoffnungslosigkeit und Verzweiflung war für mich fast ebenso schwer durchzustehen wie für sie, denn ich war mir klar, dass ich nicht mit Worten, Erklärungen, Zureden oder selbst mit Trösten einen Prozess stören durfte, für den sie ihre Zeit brauchte, und den ich nur begleiten konnte, indem ich zuhörte und bei ihr blieb, erreichbar, und, wenn sie es brauchte, ihre Hand nahm, ihre Stirn kühlte, ihre Füße massierte, und hin und wieder versuchte, sachte zu wiederholen, was sie sagte, oder eine vorsichtige Frage zu stellen.

Wenn sie sagte: „Ich will hier raus", oder: „Ich möchte sterben", oder: „Es geht nicht. Das Leben geht nicht", oder immer wieder: „Ich kann nicht mehr", fiel mir meist nichts anderes ein, als still für sie zu beten. Aber als sie dann sagte: „Bitte helfen Sie mir doch, ich möchte da hin ...", und ich sie fragte: „Wie kann ich Ihnen helfen", und sie nur weiter leise klagte: „Hilfe, Hilfe ... Es ist noch so weit ...", habe ich nur, ohne nachzudenken, gesagt: „Sie sind auf einem guten Weg." Ich war, ich kann selbst nicht sagen, warum, ganz sicher, dass das stimmte, obschon dieser Weg offensichtlich so schwer zu beschreiten war für sie. Und ein wenig von meiner Sicherheit, die mich selbst ruhig werden ließ, hat sich dann auch auf sie übertragen.

Wieder zeigt dieses Beispiel, dass es wirklich kein Rezept gibt dafür, wie wir uns in solch einer Not verhalten sollen. Es zeigt aber, dass wir fast immer gut beraten sind, unserer Intuition zu trauen, aus der heraus wir – wie ich in diesem Fall – sprechen, ohne lange nachzudenken und ohne etwas bezwecken zu wollen. Dieses fast traumwandlerische Reagieren geschieht sicher nur aus einer Selbstvergessenheit heraus, die entsteht, wenn wir uns dem Menschen, den wir begleiten, nah fühlen.

Manches im Vorfeld des Todes ist leichter zu beantworten, weil es da um klare Aufträge geht, etwa die Bitte, aus der Bibel vorzulesen, oder einen Freund zu benachrichtigen, oder sich um jemand zu kümmern, oder auch, wie eine Patientin leise und entschieden bat, ihr kein weißes Hemd anzuziehen sondern ihr Lieblingskleid. Auch dahinter stehen sehr deutliche Bilder vom Sterben, und eine Möglichkeit, ein wenig mit den Augen dessen zu sehen, der sich zum Aufbruch bereit macht: Was ist jetzt noch wichtig?

Dann sind da noch die Bilder, die uns bedeuten, dass der Patient beginnt, loszulassen. Wenn er zum Beispiel ganz entschieden und wie abschließend sagt: „Mir geht es gut." Oder, nachdem er eine Zeit lang die Hand festgehalten hat, sie leicht drückt und loslässt und nur „Danke ..." sagt, oder: „Jetzt kann ich beruhigt gehen", oder ganz realitätsnah: „Das Sauerstoffgerät brauch ich jetzt nicht mehr, ich kann dann wirklich frei atmen", oder: „Wenn mein Sohn kommt – ich möchte ihn nun nicht mehr sehen." Oder das, was wir immer wieder hören: „Ich werd' jetzt heimgehen", „Ich geh' nach Hause" oder auch: „Ich werd' dann heil sein! Ja."

Viele der Bilder, die wir in meinen Seminaren aus unserer Erfahrung zusammengetragen haben, gleichen sich erstaunlich: Die Bilder vom großen Tor, von der Tür, vom Tunnel mit dem Leuchten am Ende, die Bilder von Licht und Helligkeit, von den Engeln oder einer weißen Frau, von Wegen, Leitern, Treppen, die nach oben führen, von einer weißen Taube, von glitzerndem Wasser, vom Fluss.

Im Vorfeld, in Zeiten des Suchens und Ringens, gibt es auch Bilder von geschlossenen Türen, von einer dunklen Gestalt am Bett, einem schwarzen Vogel, von Dunkelheit, und in Zeiten von Selbstvorwürfen tauchen manchmal Bilder vom Gericht auf.

Dass Sterbende sehr deutlich ihre verstorbenen Angehörigen sehen, gerade Menschen, die ihnen sehr nah waren, ist ein Phänomen, dem wir oft begegnen. Manchmal bin ich dann auch gefragt worden „Sehen Sie sie denn nicht!?" Natürlich habe ich nicht behauptet, ich sähe jemand, der für mich nicht sichtbar ist, der eben in diese geheimnisvolle andere Wirklichkeit gehört, in der sich der Sterbende bereits befindet. Ich habe einmal leise gefragt: „Ist es schön, dass Sie sie sehen?" und habe zwar keine Antwort bekommen, aber in der dankbaren Freude, die vom Gesicht des Patienten ausstrahlte, lag Antwort genug.

Angesichts der Bilder und Symbole im Umfeld des Todes habe ich immer mit Staunen und Ehrfurcht ein wenig von den Dimensionen zu ahnen begonnen, die weit über meine Wirklichkeit hinausreichen. Und Staunen und Ehrfurcht gehören wahrscheinlich zum Wichtigsten und Schönsten, was wir empfinden können auf dem Weg mit Sterbenden.

Eine Zeit zum Lieben
und eine Zeit zum Hassen

Berührt sein

Wir können von Schönem ebenso wie von Schwerem so stark berührt sein, dass wir außer Fassung geraten. Von Schönem? Ich denke dabei an eine Frau, die mit erfrischender Selbstverständlichkeit mit ihrem schwerstkranken Ehemann auch noch in seinen letzten Lebensmonaten die körperliche Nähe, die Zärtlichkeit und auch die Sexualität teilte, die all die Jahre ihrer Ehe hindurch wichtiger Bestandteil ihrer Beziehung gewesen war.

Für ihre Umgebung schien das durchaus nicht so selbstverständlich wie für die beiden, und es hat ja auch offenbar, leider, in unserer Zeit Seltenheitswert. Ärzte und Schwestern waren von dem, was sie da miterlebten, so angerührt und bewegt, dass sie sich im Versuch, ihre Rührung zu verbergen, oft ziemlich ungeschickt verhielten, manchmal taktlos, oder einfach mit dem Unverständnis, das auch ein Licht auf ihre eigenen unerfüllten Sehnsüchte oder ihre Bedürftigkeit zu werfen schien.

Wenn wir schon angesichts des Schönen kaum wissen, wie wir Herr unserer Gefühle bleiben sollen, wieviel mehr dann angesichts des Schweren. Wir sind fassungslos, wenn der Sterbende sehr klar über die Tatsache seines nahen Todes spricht. Oder gerade das macht uns bedrückt und hilflos, was eben nicht in Worte gefasst werden kann, obschon wir genau spüren, es wäre Zeit, darüber zu sprechen.

Solch eine Situation kann eintreten etwa, wenn der Patient den Arzt gebeten hat, ihm verständlich und schonungslos die Diagnose und die damit verbundenen Aussichten mitzuteilen. Der Arzt ist dieser Bitte nachgekommen. Er ist sich klar darüber, dass der Patient ein Recht auf Wahrheit hat, wenn er sie anfordert. Nun zeichnet er, so schonend wie möglich, aber doch so ehrlich wie es von ihm gefordert wurde, ein Bild der Situation, das vielleicht den Patienten selbst nicht einmal so stark erschüttert wie uns, die wir Zeuge dieses Gespräches sind. Der Arzt ist nach diesem Gespräch gegangen, wir sind mit dem Patienten allein zurückgeblieben. In diesem Moment sind wir vermutlich erst einmal kaum fähig, wahrzunehmen, was in dem Schwerkranken vorgeht, denn wir sind ganz angefüllt von unserer eigenen Verzweiflung über die Unabwendbarkeit dessen, was wir gerade erfahren haben, und dahinter schleicht sich auch gleich die Ratlosigkeit ein: Was sollen wir sagen, was sollen wir tun? Und wir bekommen Angst: Wie wird der Betroffene reagieren, was kommt nun auf uns zu?

Oder der Sterbende schaut mich an, und sagt: „Danke für das, was Du für mich tust!" und im selben Moment schießen mir die Tränen in die Augen, ich bin voller Rührung, und gleichzeitig überwältigt von dem Gedanken: Es ist doch so wenig, was ich tue, ich wünschte, es könnte mehr sein, und überhaupt bin eigentlich ich selbst die Nehmende. Und diesem Gewirr von Gefühlen bin ich so ausgeliefert, dass ich nur hilflos dasitze, unfähig, zu reagieren.

Soll ich nun meine Tränen runterschlucken? Oder aus dem Zimmer gehen, um mich erst einmal zu fassen, und erst zurückkommen, wenn ich wieder ruhiger und gelassener bin?

Gerade die Angehörigen, die einem Sterbenden besonders liebevoll zugewandt, besonders nah sind, gehen dann, wenn sie ihre Gefühle nicht mehr „im Griff" haben, aus dem Zimmer und ringen draußen um ihre Fassung.

So war das auch in der Familie eines meiner Patienten, einer Familie, in der eigentlich viel liebevolle Zugewandtheit herrschte, nur nicht in den Zeiten, in denen der eine oder andere seelisch an seine Grenzen geriet. Da rückte man ab, zog sich zurück, schwieg sich aus. Es war bei ihnen offenbar immer schon so gewesen. Über Gefühle wurde wenig gesprochen, und über Ängste oder Kummer eigentlich gar nicht. Da versuchte jeder, irgendwie mit sich selbst allein zurecht zu kommen. Die anderen bekamen das natürlich mit, fühlten sich hilflos und ausgesperrt und litten mit dem anderen, ohne dass er ihnen aber eine Chance zum Austausch gegeben hätte, durch den sie das Schwere miteinander hätten tragen können.

Unter normalen Umständen ändert sich solch ein Familienmuster schwerlich. Aber ich habe gerade im Umfeld von Sterben und Tod schon solch erstaunliche Wandlungen und Lernprozesse beobachtet, dass ich begonnen habe, darauf zu vertrauen. Auch darauf, dass gerade in Krisen eine gewohnte starre Schutzhaltung aufbrechen kann. Die, die sich bisher in beherrschte Distanz zurückgezogen hatten, lassen zögerlich doch Nähe zu und lassen sich berühren und anrühren, eben auch und gerade in den Ängsten, die sie nie offen zu legen gewagt, die sie nie mit jemand geteilt hatten.

So geschah das auch in dieser Familie: In dem Maße, in dem diese Menschen begannen, sich einander zu öffnen, entstand aus der Hoffnungslosigkeit, in die jeder für sich allein geraten war, eine warme Lebendigkeit, die sie bisher noch nie miteinander erlebt hatten. Vor allem die erwachsenen Kinder des Patienten waren einander nun so nahe, wie sie das bis dahin vermutlich nicht für möglich gehalten hatten, eine Nähe, die über den Tod ihres Vaters hinaus bestehen blieb, wie ein Geschenk, ein Vermächtnis aus der schweren Zeit, in der sie zueinander gefunden hatten in einem neuen Zutrauen in die eigenen Gefühle und einem neu gewonnen gegenseitigen Vertrauen.

Wenn wir versuchen, nicht wahrzunehmen, wie angerührt wir uns fühlen, und uns mit allen Mitteln bemühen, unsere Gefühle vor der Umgebung zu verbergen, führt das nur allzu oft in unfreiwillige Kränkungen und in Hilflosigkeit.

Sobald wir begreifen, wie kostbar es ist, wenn wir uns berühren lassen, vom Schönen wie vom Schwerden, kostbar für unsere Seele, kostbar aber auch für die Beziehung zu den Menschen, denen wir uns nah fühlen, werden wir nicht mehr verzweifelt versuchen, uns in unseren Gefühlen zu kontrollieren, sondern werden uns in die Offenheit hinein wagen, uns selbst gegenüber, aber vor allem gegenüber denen, die wir begleiten. Mir hilft dabei der Gedanke, dass nur dann, wenn ich fähig bin, meine eigene Betroffenheit zu zeigen, auch der, den ich begleite, seine Gefühle eher mit mir teilen kann und so für mich berührbar wird. Sodass wir bis zuletzt in eben dieser Offenheit auch die Empfindungen und Bedürfnisse des anderen wahrnehmen können.

Eine Zeit zum Lieben
und eine Zeit zum Hassen

Aggressivität

In einem früheren Kapitel (Seite 114) habe ich die Phasen geschildert, durch die ein Sterbender gehen kann, und in diesem Zusammenhang Überlegungen angestellt, wie wir unsere jeweiligen Möglichkeiten zu einer hilfreichen Unterstützung nutzen können. In meinen Fortbildungen und Seminaren ist es fast immer – nein, wirklich jedes Mal – die Phase der „Aggressiven Verweigerung", zu der die meisten Fragen und Zweifel auftauchen, eine Phase, die schon wenn wir nur darüber reden, bei vielen zunächst Ängste auslöst. Deshalb möchte ich hier noch ein, zwei zusätzliche Anregungen geben.

Dass da solch spürbare Ängste aufkommen, wenn die Sprache auf diese Phase kommt, die in manchen Sterbeprozessen eintreten kann, rührt vielleicht auch daher, dass wir überhaupt mit Aggression nicht gut umgehen können – nicht mit der anderer, und mit der eigenen auch nicht.

Einerseits ist es sicher sinnvoll, der einen wie der anderen gegenüber eine besondere Wachsamkeit zu bewahren. Wir brauchen unseren Instinkt, der uns vor Gefahrenecken warnt, und unsere natürliche Hemmschwelle schützt uns davor, dass wir unüberlegt einfach alles, was gerade an Zorn in uns aufsteigt, in aller Heftigkeit auf andere loslassen.

Andererseits aber entwickelt das, was wir in uns unterdrücken, das, was wir selbst im Ansatz nicht spüren möchten, ja, woran wir auch lieber gar nicht erst denken, eine ganz besondere Dynamik. Unterschwellig bleiben wir weiter damit beschäftigt im Versuch, es auszusperren, und wenn wir dann doch einmal damit konfrontiert sind, macht es uns hilflos. Besser ist es also, sich beide Seiten der Aggression in Ruhe anzuschauen.

Die eine Seite, die sinnvolle, ist uns vertraut: Wie auch die Angst hat sie eine Schutzfunktion, sie gehört zu den wichtigen Verteidigungsreflexen. Gut, aber es gibt noch die andere Seite, die uns bedrohlich und unsinnig erscheint, weil sie geballte und unberechenbare Energie enthält, Energie, die uns Angst macht, weil wir fürchten, sie nicht unter Kontrolle zu bekommen – weder bei uns selbst, noch wenn sie uns von anderen zugemutet wird.

Aber Energie in hoher Potenz ist zunächst etwas sehr Kostbares, und menschliche Energie schon gar! Es sollte also nicht heißen: Wie können wir sie unterdrücken oder irgendwie besänftigen, sondern vielmehr: Wie kann sie Sinnvolles bewirken?!

Wenn wir an eine Zeit der Aggression bei einem Sterbenden denken, haben wir auf den ersten Blick vielleicht nur eine Situation vor Augen, in der ein Mensch in den letzten Wochen oder Tagen seines Lebens zu unserem Entsetzen mit Wut und Hass und Hader wahllos auf alle und alles loszugehen scheint. Aber die menschliche Psyche ist weise. Selbst die irrationalsten Reaktionen haben einen Zweck – oder verschaffen dem, der sich in sie stürzt, irgend eine Art von Gewinn. Allerdings: Was kann in diesem Moment für einen Sterbenden an Gewinn darin liegen, aggressiv zu sein?

Wir können zunächst einmal versuchen, diesen kleinen Schritt innerlich zurückzutreten, um zu erkennen, dass sich hier – wenn wir es so neutral und wertfrei betrachten wie wir nur können – eine große Menge von Energie entlädt. Und tatsächlich habe ich die Erfahrung gemacht, dass ein Mensch, der in Krankheit und Hilflosigkeit zu geraten droht, sich verständlicherweise ungemein stark fühlt, dass er seine Lebensenergie in Fülle noch einmal in sich spürt, wenn er sich so in seinem Zorn wahrnimmt. Vielleicht ist ein Teil dessen, was ihn dann in seiner Wut hält, gerade dieses Gefühl von Kraft. Was er also möchte, ist: sich noch einmal lebendig fühlen, sprühend vor Energie. Ob das allerdings nur durch Zornesausbrüche, massives Nörgeln, wilde Schuldzuweisungen und Hasstiraden möglich ist, bleibt dahingestellt. Es ist nämlich oft möglich, andere Ebenen zu finden, auf denen er sich ebenfalls noch einmal kraftvoll und voller Energie erleben könnte.

Ich habe eine Patientin vor Augen, die sich Zeit ihres Lebens gerade durch ihre unwandelbare Korrektheit ausgezeichnet hatte. Umso erschreckender war es für ihre Umgebung, vor allem für diejenigen, die sie seit Jahren kannten, ihre Freunde und Bekannten, als sie plötzlich mit heftigen, wirklich absolut ungerechten Beschimpfungen über alle und alles herfiel. Nichts war ihr recht zu machen, niemand war mehr da, dem sie vertraut hätte. Ich konnte nur staunen über die Kraft und Vehemenz, mit der sie ihre Hiebe austeilte. Es war praktisch unmöglich, in Deckung zu gehen, denn auch wenn ich versuchte, gar nichts zu tun, nur da zu sein und keine Angriffsfläche zu bieten, regte sie das eher noch mehr auf.

Irgendwann habe ich mehr aus Verzweiflung gesagt: „Wie sollen wir es denn machen, damit es dir recht ist, sag es einfach, und wir bemühen uns, dass wir das dann so ausführen wie du es sagst, aber du musst schon genau sagen, wie es sein soll. Ganz genau, so dass wir es auch nicht falsch machen können!"

Wahrscheinlich hatte ich damit auf einen Knopf gedrückt, der ihr mehr als vertraut war, denn sie hatte immer gern – und vor allem gut organisiert. Weniger für sich selbst, das auch, aber vor allem in ihrem Beruf. Ich nehme an, dass die „negative" Energie, die sich in all der Aggression entladen hatte, nun begann, sich zu kanalisieren in das Projekt der Organisation. Darin war dann plötzlich auch nicht mehr diese ungerechte, ungezielte Heftigkeit, sondern eine kraftvolle Klarheit, die auch effektiv war, auch wenn es nur um Briefe an die Krankenkasse oder um Botengänge oder, dann langsam auch, um das Ordnen von persönlichen Dingen ging. Wir hatten dabei keine leichte Zeit, ganz gewiss nicht, wir waren voll beschäftigt, und konnten nur sehen, dass wir alles so auf die Reihe bekamen, wie es angeordnet wurde. Aber das Ganze hatte auch etwas Befriedigendes. Für die Patientin ebenso wie für uns, die – übrigens erstaunlich zahlreichen – Helfer.

Irgendwann erschöpfte sich das alles, im buchstäblichen Sinn, denn sie wurde langsam schwächer, und damit rückten für sie schließlich auch andere Dinge in den Vordergrund. Ihr Blick begann sich mehr und mehr nach innen zu richten, die Phase der Energieentladungen war zuende gegangen.

Dies ist nun wiederum natürlich kein Patentrezept für die Begegnung mit Aggression allgemein, aber es ist ein recht gutes Beispiel für die Möglichkeiten, in der Sterbebegleitung mit diesem Phänomen auf kreative und heilsame Weise umzugehen, denn es zeigt ganz gut, wie es nicht ratsam sein kann, gegen Energie anzugehen, gerade wenn sie sich in Aggression zeigt. Wie es auch nicht hilfreich ist, sondern eher Frustration, Unwillen oder gar Zorn auslöst, wenn wir versuchen, diese Energie einfach zu ignorieren und so zu tun, als wäre sie nichts als ein lästiges Phänomen, mit dem wir möglichst nichts zu tun haben wollen. Dass es vielmehr sinnvoll sein kann, zu versuchen, *mit* der Energie zu gehen und uns einzufühlen in Möglichkeiten, wie sie so umgesetzt werden kann, dass sie den Sterbenden auf gute Weise noch einmal das Gefühl seiner Vitalität und Kraft spüren lässt.

Eine Zeit für den Krieg
und eine Zeit für den Frieden

Todeskampf und Auflehnung

Der Kampf gegen das Unausweichliche geschieht auf zwei Ebenen. Die eine ist die der Ärzte und Helfer. Ich denke dabei an ein Notfall-Team, das um ein Menschenleben ringt. Manchmal sind tatsächlich die Bemühungen, den Patienten aus der Zone akuter Lebensgefahr zu bringen, mit Erfolg gekrönt, oft aber nicht. Dahinter steht in beiden Fällen das, was ein Arzt einmal in den Satz fasste: „Ob nun darüber gesprochen wird oder nicht, wir alle: Ärzte, Krankenschwestern und Helfer kämpfen nicht nur gegen den Tod, sondern auch gegen die eigene Unsicherheit, kämpfen so lange, bis wir eingestehen müssen, dass wir gescheitert sind, weil alle Rettungsversuche vergebens waren." Für den Patienten ist diese dramatische Situation schlimm. Das Team tut in der akuten Notsituation, in der es um Leben und Tod geht, alles, was in seinen Kräften steht, es will nur das Beste für den Patienten und zeigt wahrscheinlich auch Mitgefühl. Aber es sind doch Fremde, von denen er umgeben ist, wenn er stirbt. Fremde, die bis zuletzt ausschließlich und mit ganzer Kraft auf ihren Kampf konzentriert sind.

Wenn wir als Helfende uns das vor Augen führen, wird deutlich, dass selbst die kleinste Zeiteinheit von unendlicher Kostbarkeit sein kann, in der wir uns, trotz aller medizinischen Professionalität, trotz der Hektik, trotz der sachlich-sterilen Umgebung, dem widmen, was über unseren Kampf um dieses Lebens hinausreicht. Dann kann ein Moment des Innehaltens den Augenblick begleiten, wenn der Geist den Körper verlässt, und im Bewusstsein der Helfenden wird der Übergang und der Sinn und die Würde dieses zu Ende gehenden Lebens aufgefangen und bewahrt, auch, um danach den Angehörigen begegnen zu können, ohne Scheu, und vielleicht nicht ganz so hilflos.

Diese Hinsicht ist die eine, wenn wir an Todeskampf und Auflehnung denken. Die andere ist die Perspektive dessen, den wir begleiten.

Wir wünschen den Menschen, die uns nahe stehen, ein „gutes Ende", ein sanftes Sterben, friedvoll und in Würde. Und wir versuchen, alles nur Mögliche dafür zu tun. Es gibt auch tatsächlich vieles, was wir selbst in den letzten Tagen und Stunden noch dazu beitragen können, um für den Sterbenden die Schmerzen zu lindern, um Schrecken zu bannen, Ängste einzudämmen und einen sanften Übergang in den Tod zu ebnen. Denn oft ist nicht der Tod der Feind des Lebens, sondern das, was das Leben unerträglich macht, die Krankheit, die Angst, und manchmal auch eine innere Auseinandersetzung, die bis zuletzt aufgespart geblieben war.

Aber trotz aller Bereitschaft, einfühlsam und behütend den Weg mit dem Sterbenden zu gehen, kann es sein, dass der Tod eben nicht in Gelassenheit erwartet wird wie das Kommen eines Freundes. Das Sterben wird zum Kampf, bevor das Ende Frieden bringen kann. Und genau dieses ist dann eben vielleicht die zu diesem Menschenleben gehörende Weise, sich durchzuschlagen bis zum Unausweichlichen oder darauf zuzustürmen oder sich bis zum Ziel durchzuringen durch das Leiden und die Qual.

Für uns ist es dabei kaum mehr möglich, Ruhe zu vermitteln oder heilend und besänftigend auf den Sterbenden einzuwirken. Im Gegenteil: Wir würden wahrscheinlich mit unserem Versuch zu helfen, dem, der seinen letzten Kampf ausficht, einen schlechten Dienst erweisen. Es sei denn, wir hörten aus der Verzweiflung heraus, in welcher Weise wir dieses Ringen unterstützen können.

Dass wir allerdings doch auf gewisse Weise Hilfestellung geben können, weiß ich aus Erfahrung. Es gibt meistens die Möglichkeit, ganz einfach Rückhalt und Beistand im wörtlichen Sinn zu geben, indem wir einfach beim Sterbenden bleiben, es mit ihm aushalten, und nicht davonlaufen angesichts des verzweiflungsvollen Kampfes. Wenn Schatten oder Visionen immer bedrohlicher werden, wenn die Kraft für den Kampf zu versiegen droht, werden wir so vielleicht doch, allein durch unsere Anwesenheit, Mut und Hoffnung stärken und den Geist des Kriegers unterstützen, der in der letzten Auseinandersetzung noch einmal alle seine Kräfte sammelt zwischen Abwehr und Ohnmacht, zwischen Widerstand und Ergebung.

Wenn wir allerdings spüren, dass unsere Anwesenheit eher stört, wenn also der Sterbende bei seinem Todeskampf allein sein will, können wir uns ein wenig ruhiger zurückziehen, wenn wir dabei innerlich diese absolute Konzentration bejahen und würdigen: Nichts sonst ist dann für den Sterbenden mehr wichtig, der Alltag ist längst weit weg, alles Unwesentliche in den Hintergrund gerückt, ja, selbst die Beziehungen zu Angehörigen oder Freunden nicht mehr von Belang. In dieser äußersten Anstrengung, mit der sich ein Mensch in Auflehnung und Schmerz geradezu hineinzustürzen scheint, ist es dann, als nähme er all seine Größe zusammen, auch, um sich herauszulösen aus allem, was ihn behindert und einschränkt, allem, was sich gegen ihn stellt, um sich fast mit Gewalt den Weg freizukämpfen zum Frieden.

Manchmal aber entwickelt sich der Todeskampf aus physischen Qualen. Krankheit und Leiden machen die Loslösung vom Leben zur Tortur. So wie bei einer Patientin, die in den letzten Stunden vor ihrem Tod nur noch geschrieen hat und sich wand vor Schmerzen. Nichts war da mehr so offensichtlich, so eindeutig und so klar, wie die Tatsache, dass sie dieses Leben verlassen will. Endgültig.

Wenn ich solch ein schweres Sterben miterleben musste, schien es immer, als sei dieser letzte Kampf ein Hindrängen auf eine ersehnte Erlösung zu, hin zu einem „Es ist vollbracht". Niemand, auch die Angehörigen nicht, setzte dann etwa noch alles daran, dieses Leben festzuhalten, oder das Sterben hinauszuzögern. Könnte in dieser Entschiedenheit vielleicht, trotz allem Schrecken, ein Sinn sein? Etwas, was in einem Kontext zum Leben dessen steht, der am Schluss so ganz ohne Zweifel den Tod herbeisehnt?

Wie immer, wenn ich den Sinn eines Geschehens nicht sehe, bleibe ich bereit, ihn hinter dem zu vermuten, was ihn mir verbirgt. Und angesichts von Todeskampf und Auflehnung versuche ich selbst dann, wenn mich Grauen und Entsetzen zu überwältigen droht, mir die Achtung vor dem zu bewahren, was die Würde und Größe des Geschehens ausmacht.

Eine Zeit für den Krieg
und eine Zeit für den Frieden

Zeit und Ruhe beim Abschied

Der Gemeindepfarrer war gekommen, um noch ein letztes Mal mit der Sterbenden zu beten und Abendmahl zu feiern. Er hatte Psalmen gelesen, Worte der Vergebung und der Zuversicht, und er hatte viel Raum zum Schweigen und Hören gelassen. Es schien nicht, als sei er gekommen, nur um ein Ritual zu vollziehen und dann wieder zu gehen. Ich hatte das seltsame Gefühl, als wäre es überhaupt nicht wichtig, ob er nun für eine halbe Stunde oder für Minuten oder einen halben Tag hier blieb, denn das Ganze hatte eine Atmosphäre von Zeitlosigkeit, von einer Ruhe, wie ich sie selten erlebt habe. Nach dem Schlussgebet packte er ganz in Muße den Kelch, die Bibel und das Gebetbuch wieder in seine Aktentasche, und setzte sich dann noch einmal still ans Bett. Wieder waren da Minuten, in denen wir drei dieses wohltuende Schweigen miteinander teilten. Der Pfarrer hatte seine Hände auf die der Patientin gelegt, beruhigend und warm. Und nach einer Weile begann er, ganz leise, mit seiner tiefen Stimme die Melodie eines Liedes zu summen, das die Sterbende so gut kannte: „So nimm denn meine Hände und führe mich ..." Er summte nicht einmal den ganzen ersten Vers, sondern ließ nach fünf, sechs Takten wieder Zeit zum Nachhören und für die Gedanken, die sich aus den vertrauten Worten heraus entspannen, Worten, die uns so gut im Gedächtnis waren: „... und führe mich bis an mein selig Ende und ewiglich ...." Und danach war wieder nichts als diese wohltuende Stille. Dann – es war gerade Zeit fürs Abendläuten – drang durch das weit geöffnete Fenster der volle, warme Klang der Glocken von der nahen Kirche. Wir lauschten, bis der letzte Ton verklungen war. Als wir drei danach fast gleichzeitig einen tiefen Atemzug nahmen, spürten wir, wie darin mehr Dank und Frieden lag als Worte es auszudrücken vermocht hätten. Der Pfarrer verabschiedete sich, und es war, als bliebe er mit seinen Gedanken bei uns. Schon am übernächsten Tag habe ich ihn gebeten, wiederzukommen: für die Aussegnung. Die Patientin war gestorben. Wieder entstand solch eine unvergleichliche Zeit des Friedens und der Ruhe, als er sie noch einmal segnete und ihr den Segen dann mit auf den Weg gab, bevor der Sarg aus dem Haus getragen wurde.

Wenn wir spüren, dass die Zeit dessen, mit dem wir den Weg gegangen sind, nun wirklich bald zu Ende sein wird, werden uns oft genug die Worte fehlen. Worte, die ihm – aber auch uns selbst – Kraft geben könnten für diese letzte Wegstrecke. Worte, die wir gern sagen, Worte, die wir gern hören würden, die unser Schweigen auffangen können, wenn es uns zu belastend zu werden droht.

Dann kann es gut sein, sich auf das zu besinnen, was Menschen seit Jahrhunderten gebetet haben, wenn sie voller Angst waren, wenn sie Geborgenheit suchten und Trost, wenn sie sich nach Gottes Frieden sehnten.

Die Psalmen gehören dazu, vielleicht allen voran der dreiundzwanzigste: „Der Herr ist mein Hirte". Und dann die vertrauten Gebete, das Vaterunser, vielleicht auch das „Gegrüßet seist du Maria". Aber auch Lieder, die Trost und Vertrauen ausstrahlen: „Von guten Mächten wunderbar geborgen", „Du kannst nicht tiefer fallen als nur in Gottes Hand", oder „Wer nur den lieben Gott lässt walten". Und wie ich es erlebt habe, genügt es schon, in die Geborgenheit einer vertrauten Melodie zu gehen.

Manchmal findet ein Sterbender diese Hut auch in Gedichten, die für ihn von besonderer Bedeutung waren. Ein wunderschönes Beispiel war das Eichendorff-Gedicht, von dem ich in einem früheren Kapitel erzählte. Ein anderes, dem ich nicht nur einmal begegnet bin, stammt von Hermann Hesse: „Stufen".

Solche Texte können nicht nur im Moment des Sterbens tröstend und heilsam für die Seele dessen sein, den wir begleiten, sie können auch dann, wenn er seinen letzten Atemzug getan hat und wir mit unserer eigenen Sprachlosigkeit ringen, eine Brücke schlagen zwischen Schmerz und Hoffnung.

Wenn ich selbst mich an die Menschen erinnere, die ich bis zu ihrem Ende begleitet habe, dann kommen mir diese letzten Minuten vor ihrem Ende und die ersten Stunden danach in den Sinn. Ich sehe sie vor mir, wie sie auf ihrem Sterbebett lagen. Meist ist das sogar das erste Bild, das mir in meiner Erinnerung vor Augen ist, und erst darunter entfalten sich dann die vielen anderen Erlebnisse und Begegnungen, die wir miteinander geteilt haben.

Ich weiß aus vielen Gesprächen mit Hinterbliebenen, wie stark sich gerade diese Situation nach dem letzten Atemzug des Verstorbenen einprägt. Sie ist von großer Bedeutung für das Bild, das sie später als Erinnerung an den Verstorbenen behalten.

Deshalb ist es wichtig, für diese Stunden nach dem Tod eines Menschen einen guten Weg zu finden. Und dabei ist es wiederum vor allem anderen wohltuend zu wissen, dass nun kein Grund zu irgendwelcher Eile besteht. Seltsamerweise ist aber gerade das offenbar ein Gedanke, der zunächst nicht nahe zu liegen scheint. Der Druck, unter dem die Pflegenden, die Angehörigen und Freunde über Tage und vielleicht Wochen gestanden haben, wirkt meist noch so stark nach, dass ein Gefühl von Ruhe ihnen fast absurd, oder irgendwie „nicht recht" zu sein scheint.

Ich habe dann oft die bedrängte Frage gehört: „Was müssen wir denn jetzt tun?" Meine Antwort darauf ist fast immer die gleiche: „Erst einmal haben wir jetzt viel Zeit!" – Da das nun gar nicht die erwartete Antwort ist, nicht eine Aufzählung von den vielen Dingen, die jetzt gleich getan werden müssen, kommt darauf meist eine erstaunte Reaktion, und von mir noch einmal die Bekräftigung: „Jetzt können wir uns wirklich alle Zeit gönnen und ganz in Ruhe alles schön machen." Dabei ist „alles schön machen" immer noch so wenig konkret, dass sich vielleicht bei dem Angehörigen langsam eine andere Ebene einstellt, auf der er zu denken und zu fühlen beginnt. Manchmal frage ich dann, wenn ich spüre, dass diese Ebene noch sehr unvertraut, sehr unvorstellbar zu sein scheint, ganz einfach: „Haben Sie vielleicht irgendwo Kerzen im Haus?" Wenn er dann aus dem Sterbezimmer geht, um Kerzen zu holen, und wieder in den Raum zurückkommt, hat in gewisser Weise damit schon eine andere Wirklichkeit für ihn begonnen.

Diesen Satz: „Wir haben jetzt viel Zeit", habe ich fast bei allen Abschieden, die ich mit Angehörigen von einem Toten genommen habe, immer wieder gesagt. Er ist für mich auf vielfache Weise bedeutsam, denn er kann auch die ersten Planken legen für die Brücke zu einer neuen Beziehung zum Verstorbenen, die sich von jetzt an entwickeln wird.

Schön ist es, wenn diese ersten Stunden dann Raum geben für einen liebevollen und behutsamen Abschied mit all den Verrichtungen und Symbolen, die für den Angehörigen möglich und stimmig sind.

Sicher werden wir zunächst den Hausarzt, oder wenn er nicht erreichbar ist, den Notarzt anrufen, damit der Tod festgestellt wird. Aber auch die Zeit, in der wir auf ihn warten, können wir schon in Ruhe dafür nutzen, das Sterbezimmer zu verschönern. Wir können die Pflegemittel und Medikamente aus dem Zimmer räumen, auch den Bett-Tisch, den Toilettenstuhl und den Infusionsständer. Dann können wir, wenn es warm genug ist draußen, das Fenster öffnen und Blumen oder Pflanzen im Raum arrangieren. Wir können überlegen, was der Verstorbene wohl gern angezogen bekommen möchte, falls er das nicht früher schon einmal erwähnt hat, und können die Kleidungsstücke heraussuchen und bereitlegen.

Wenn der Arzt gegangen ist, können wir beginnen, den Verstorbenen liebevoll von Kopf bis Fuß zu waschen, damit der Körper von all dem Schweiß der anstrengenden letzten Stunden gereinigt wird. Wir können ihn dann ganz in Ruhe ankleiden und müssen keine Sorge mehr haben, wir könnten ihm beim Umlagern noch Schmerzen bereiten. Dieser Gedanke ist eine große Erleichterung für alle, die mitgelitten haben, wenn doch in den letzten Tagen fast jede Bewegung mühsam und schmerzhaft gewesen war. Wenn wir ihm die Augen geschlossen haben, kann es notwendig sein, dass wir für eine Zeit noch feuchte Watte-Pads auf die Lider legen, und vielleicht ein kleines Kissen unter das Kinn, um es abzustützen.

Das Bett müssen wir nun nicht unbedingt mehr in diesem hygienischen Weiß beziehen. Die Lieblings-Kissen im Wohnzimmer einer alten Dame, die ich begleitet habe, waren in einem weichen Rosé-Ton gehalten. Die haben wir, als sie gestorben war, unter ihren Kopf und neben die Schultern gelegt, und eine roséfarbene Tagesdecke anstelle des Lakens über das Bett gebreitet. Wir können etwas, was für den Verstorbenen bedeutungsvoll war, in seine Hände legen: für eine Patientin war das ein Rosenkranz, den sie in den letzten Wochen oft nur gehalten hatte, ohne Worte. Es kann ein Kreuz sein, oder eine Blume. Oder wir legen die Hände nur in dem Frieden zusammen, den der Patient sich wohl in den letzten Tagen gewünscht hatte.

Es wird sich wahrscheinlich ganz von selbst ergeben, dass derjenige, der dem Toten diese letzten Liebesdienste erweist, bei all diesen Verrichtungen leise mit dem Verstorbenen spricht, wenn er eine nahe, liebevolle Beziehung zu ihm hatte. Ihm sagt, was er in diesem Augenblick empfindet. Diese Gespräche sind ein besonders anrührender, tiefer Teil des Abschieds, und gerade dafür bedarf es der Ruhe und der Zeit, in der auch Platz für Trauer und Tränen ist. Denn während dieser ruhigen Handreichungen und der Umgestaltung des Raumes kommen manchmal noch Dinge zur Sprache, die vorher ungesagt geblieben waren.

Wenn der Tod nicht gerade mitten in der Nacht eingetreten ist, kann es jetzt an der Zeit sein, diejenigen anzurufen, die noch kommen sollen, um sich von dem Verstorbenen zu verabschieden, und Zeit, mit dem Bestattungsinstitut zu telefonieren. Dabei wiederum ist es gut, zu wissen, dass von dort jederzeit, also auch sofort jemand kommen könnte, um mit Rat und Tat zu helfen, dass das aber auch keine Eile hat. Denn gerade diese Zeit bis zu dem Moment, in dem der Verstorbene im Sarg aus dem Haus getragen wird, gibt Raum zum Abschiednehmen und zum Innehalten, um in Gedanken oder im Gebet ihm nahe zu sein in diesem Bereich zwischen der lebendigen Begegnung und der Beziehung zu ihm in seiner neuen Seinsform, die nun bereits begonnen hat. Zeit auch, um einfach gemeinsam still bei ihm zu sein. Eben darin hatte die Totenwache ihren Sinn, so wie sie in früheren Zeiten vielerorts üblich war und wie sie in anderen Kulturen und Religionen noch immer eingehalten wird.

„Sein Andenken gereiche uns zum Segen", so wird in jüdischen Gedenkgottesdiensten manchmal für einen Verstorbenen gebetet. Auf solche Weise kann sein Leben, aber auch sein Sterben den Zurückbleibenden in seiner Bedeutung vor Augen bleiben.

In diesem Gedanken widme ich dieses Buch in Dankbarkeit den

Menschen, denen ich Weggefährtin war bis zu ihrem Tod. Sie haben mich auf ihre je ganz eigene Weise gelehrt und geführt, und ich weiß, sie werden auch weiter in meinem Leben mit ihrer Führung bei mir sein.